JN153735

陸軍上等兵　金子千歳の記録

―昭和十九年ペリリュー島ニ於テ戦死―

金子　司

序

遺書というものは、親が子に宛てて書くものと思っていました。
本書のなかに遺書があります。それは、子が親（お父さんお母さん）に宛てた遺書です。子が親へ遺書を書く気持ち、親が子からの遺書を読む気持ちを思うと、いたたまれなくなり、切なくなります。
戦争とは、ひどいものだ。

私は、昭和19年パラオ諸島ペリリュー島に於て戦死した故金子千歳の甥です。千歳の弟が私の父です。
60代半ばとなり、身辺整理として土蔵、仏壇の整理を始めたところ、戦死した伯父、金子千歳に関わる史料が出てきました。入営に際しての壮行会の案内、任地からの軍事郵便などがありました。
そのなかで、冒頭に書きました「子から親への遺書」が出てきました。これは、戦争の記録として残しておくべきと考え、この本を著しました。
前半は、それぞれの史料に著者として注釈を記し、後半は、著者の拙い解説を記し、記録といたしました。

今年、令和7年（2025年）は戦後80年の節目の年です。
『陸軍上等兵 金子千歳の記録』が、戦争の記憶を継承することに少しでも役立てばと思っています。

目次

例言

・「金子千歳」の読み方は、「かねこちとし」です。
・史料下欄に「注釈」とあるのは、著者が注釈したものです。
・右上に「活字」とあるのは、原文（史料）を著者が活字としたものです。
・軍事郵便で、右上に「翻刻」とあるのは、書家先生より助言をいただき翻刻としたものです。
・原文の読み取れない文字は、活字では□□で表記しました。
・日付、時間の表記について
原文からの転記については、原文どおりとしました。
文献からの引用については、洋数字としました。
・氏名について
公的機関の役職にあった方は、氏名をそのまま掲載しました。
右記以外の方は、氏（みょうじ）のみとし、名及び関係する部分は特定できないよう、
原本写真では「黒色」に塗りつぶしました。活字、翻刻では■■で表記しました。
なお、軍事郵便は検閲での塗りつぶしと区分するために「茶色」で塗り潰しました。

一　金子千歳史料

1　史料目録

史料番号	年月日（和暦）	西暦（年）	年齢	史料名	出所	宛所	頁
1	大正9年11月10日	1920	0	戸籍簿（出生）			10
2	昭和2年4月	1927	6	通信簿	村上尋常高等小学校	金子千歳	12
3	昭和4年3月23日	1929	8	修業證書	村上尋常高等小学校	金子千歳	14
4	昭和4年3月23日	〃	〃	賞状	村上尋常高等小学校	金子千歳	15
満州事変	昭和6年	1931	10	（日本軍による中国大陸への侵攻が本格化）			
5	昭和10年4月10日	1935	14	埴南農蚕学校授業料徴収令書	壱町弐ケ村組合学校組合管理者	金子歡司	16
日中戦争	昭和12年7月7日	1937	16	（蘆溝橋事件　日中戦争始まる）			

6	昭和13年	1938	17	雑記帳	金子千歳		18
7	〃	〃	〃	青年学校教練科教科書	陸軍省徴募課		26
ノモンハン事件	昭和14年5月	1939	18	（日本軍の対ソ連強硬論弱まり、南進論が優勢となる）			
8	昭和15年11月18日	1940	20	入営兵士壮行会の案内	網掛大正青年会長	金子千歳	31
9	昭和15年11月20日	〃	〃	壮行式並に壮行茶話会の案内	埴南農蚕学校長 男子同窓会長	金子千歳	31
10	昭和15年11月25日	〃	〃	新入営兵士壮行会の案内	村上村青年団長 村上小学校同窓会長	金子千歳	32
11	昭和16年2月17日	1941	〃	入営準備打合会開催ノ件	村上村長 軍人分会長	各新入営兵	34
12				入営準備打合会開催ノ件の封筒		金子千歳	36
13	昭和16年2月23日	〃	〃	壮行ノ式の案内状	更級郡村上村長	各入営兵	38
14				入営ニ関スル注意事項示達		東部第三十八部隊入営兵	40

史料番号	年月日（和暦）	西暦（年）	年齢	史料名	出所	宛所	頁
15	昭和16年2月25日	1941	20	前途を祝する為に粗酒差上の御使	金子歡司		44
16	昭和16年2月27日	〃	〃	入営祝儀帳	金子歡司		45
17	昭和16年5月下旬	〃	〃	父への手紙1（満州より軍事郵便）	金子千歳	金子歡司	48
18	昭和16年11月	〃	21	妹への手紙1（満州より軍事郵便）	金子千歳	金子たつい	54
太平洋戦争	昭和16年12月8日	〃	〃	（真珠湾攻撃　太平洋戦争始まる）			
19	昭和18年11月	1943	23	妹への手紙2（満州より軍事郵便）	金子千歳	金子たつい	58
20	昭和18年12月初旬	〃	〃	妹、弟への手紙（満州より軍事郵便）	金子千歳	金子たつい 正歳	62
21	昭和19年1月	1944	〃	妹への手紙3（満州より軍事郵便）	金子千歳	金子たつい	66
22	昭和19年2月	〃	〃	父への手紙2（満州より軍事郵便）	金子千歳	金子歡司	70

一　金子千歳史料

番号	年月日			資料名	差出	宛先	頁
23	昭和19年3月4日	〃	〃	お父さんお母さんへの手紙	金子千歳	お父さん お母さん	74
24	昭和19年3月12日	〃	〃	兄への手紙（満州への軍事郵便）	金子たつい	金子千歳	76
25	昭和19年6月3日	〃	〃	南方よりの手紙	照七七五七部隊飯田隊長外幹部一同	御家内一同	87・86
26	昭和19年6月10日	〃	〃	（父）歡司から（妹）たついへの手紙	金子歡司	金子たつい	90
ペリリュー島の戦い	昭和19年9月15日	〃	〃	（ペリリュー島の戦い　昭和19年9月15日から11月27日）			
1	昭和19年12月31日	〃		戸籍簿（死亡）			10
終戦	昭和20年8月15日	1945		（終戦）			
27	（年月不詳）			故金子千歳合同葬行列帳			94
28	（年月不詳）			遺影（写真）			95

2 史料

1 戸籍簿

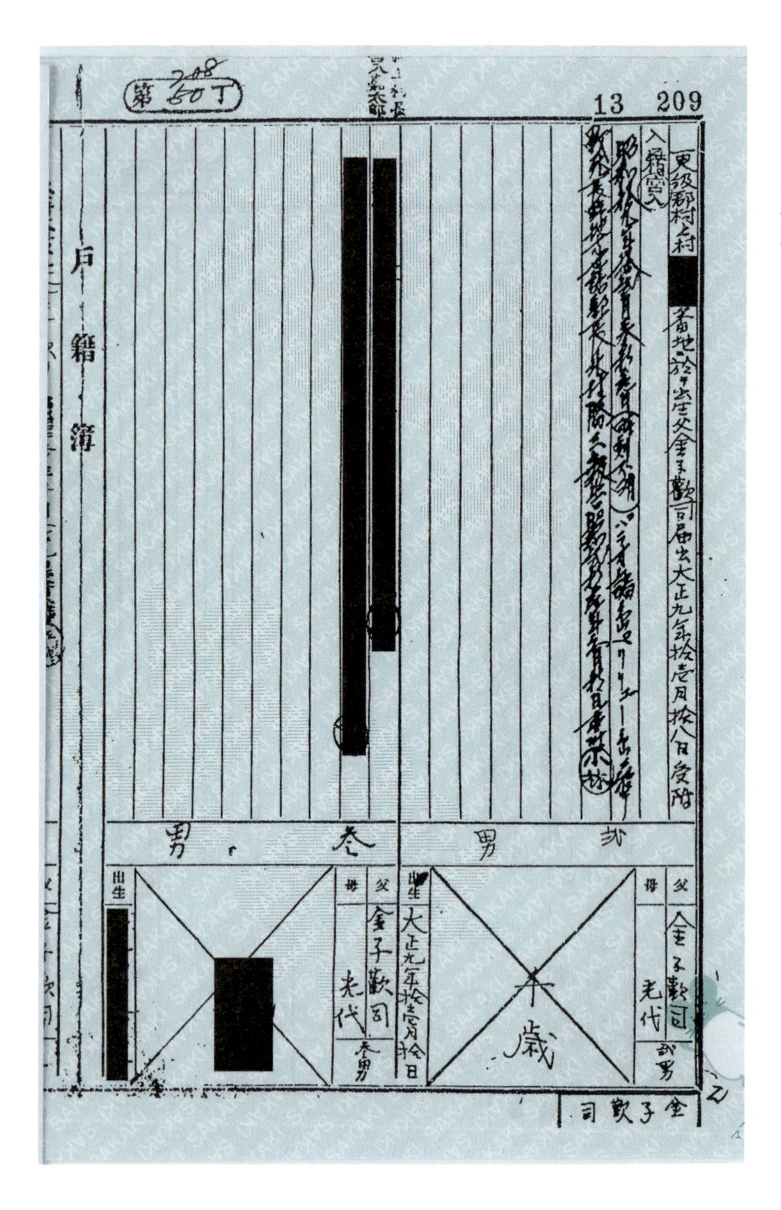

第　丁

13　209

戸籍簿

更級郡村上村　番地於テ出生父金子勘司届出大正九年拾壱月拾八日受附

入籍

男　弐

父　金子勘司

母　光代

出生　大正九年拾壱月拾日

千歳

男　参

金子勘司

注釈

・金子千歳の戸籍簿です

・次頁は、出生と死亡を活字としたものです

・更級郡村上村（現：埴科郡坂城町）

活字
（戸籍簿より）

出生
大正九年拾壱月拾日
更級郡村上村
父 金子歡司　母 光代　弐男

死亡
昭和拾九年壱弐月参拾壱日（時刻不明）
パラオ諸島ペリリュー島ニ於テ戦死
長野地方世話部長北村勝三報告昭和弐拾壱年六月拾日受附

2 通信簿

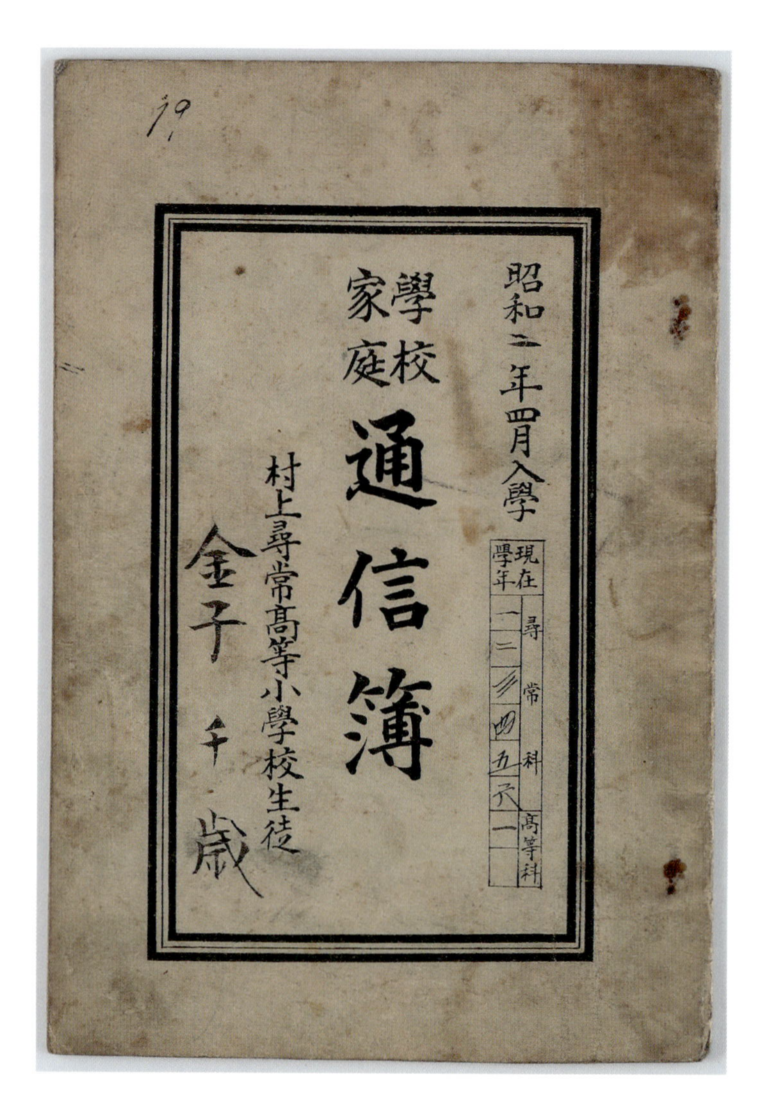

注釈

・金子千歳の村上尋常高等小学校の通信簿

・「昭和二年四月入学」とあるので、今から98年前の通信簿

・尋常高等小学校：旧制の小学校で、尋常小学校と高等小学校とを併置した小学校〈広辞苑〉

・村上尋常高等小学校：明治43年村上尋常小学校に高等小学校併置。昭和16年に村上国民学校に改組〈坂城町誌〉

成績表

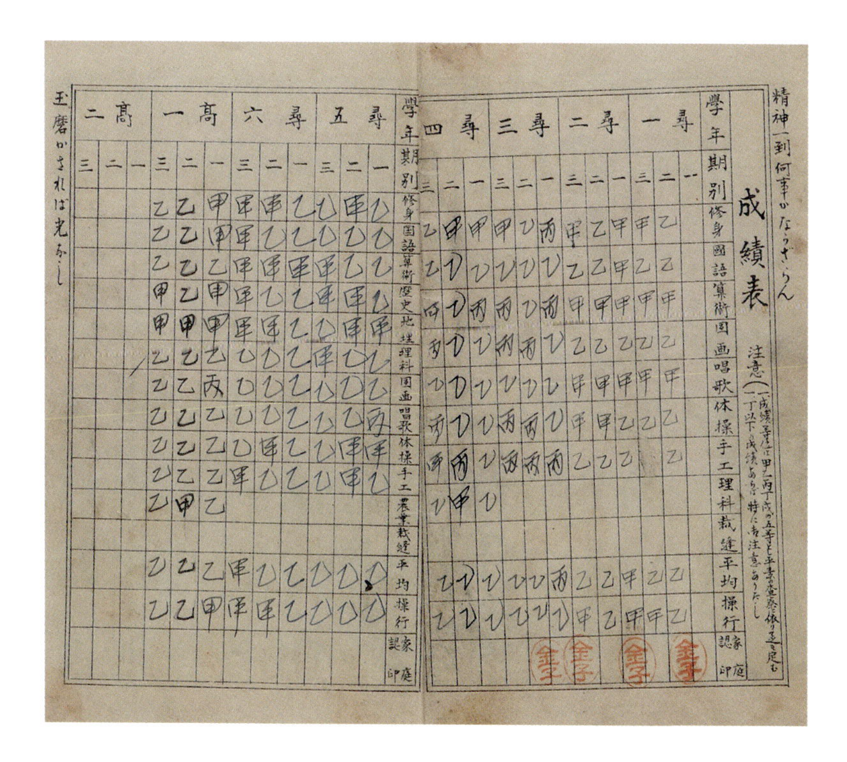

精神一到何事かならざらん

成績表

注意（一、成績等位は甲乙丙丁戊の五等とし平素の査察に依り之を定む
　　　一、丁以下の成績あらば特に御注意ありたし

學年	尋一			尋二			尋三			尋四		
期別	一	二	三	一	二	三	一	二	三	一	二	三
修身		乙	甲	甲	乙	甲	丙	乙	甲	甲	甲	乙
國語		乙	乙	甲	乙	乙	乙	乙	乙	乙	乙	乙
算術		甲	甲	甲	甲	甲	丙	乙	丙	丙	乙	丙
図画		乙	乙	乙	乙	乙	乙	丙	丙	乙	乙	丙
唱歌		甲	甲	甲	甲	甲	乙	乙	乙	乙	乙	乙
体操		乙	乙	乙	甲	甲	乙	丙	丙	乙	乙	丙
手工		乙		乙	乙	乙	丙	丙	丙	乙	丙	甲
理科										乙	甲	乙
裁縫												
平均		乙	乙	甲	乙	乙	丙	乙	乙	乙	乙	乙
操行		乙	甲	甲	乙	甲	乙	乙	乙	乙	乙	乙
家庭認印		金子		金子		金子	金子					

學年	尋五			尋六			高一			高二		
期別	一	二	三	一	二	三	一	二	三	一	二	三
修身	乙	甲	乙	乙	甲	甲	甲	乙	乙			
国語	乙	乙	乙	乙	乙	甲	甲	乙	乙			
算術	乙	乙	甲	甲	甲	甲	乙	乙	乙			
歴史	乙	甲	甲	乙	乙	甲	甲	乙	甲			
地理	甲	甲	乙	乙	甲	甲	甲	甲	甲			
理科	乙	乙	甲	乙	乙	乙	乙	乙	乙	/		
図画	乙	乙	乙	乙	乙	乙	丙	乙	乙			
唱歌	丙	乙	乙	乙	乙	乙	乙	乙	乙			
体操	甲	甲	乙	乙	甲	乙	乙	乙	乙			
手工	乙	甲	乙	乙	乙	甲	乙	乙	乙			
農業							乙	甲	乙			
裁縫												
平均	乙	乙	乙	乙	乙	甲	乙	乙	乙			
操行	乙	乙	乙	乙	甲	甲	甲	乙	乙			
家庭認印												

玉磨かざれば光なし

注釈

・学年の欄が尋一から高二となっている。修業年限は、尋常科が尋一から尋六の６年、高等科が高一と高二の２年

・注意　一、成績等位は甲乙丙丁戊の五等とし平素の査察に依り之を定む
　　　　一、丁以下の成績あらば特に御注意ありたし

・修身、操行の教科がある

・操行の教科は、平均に含まれていない

・尋六の三学期は、12 教科（平均含む）中、甲が８教科

・高一までとなっている理由：村上尋常高等小学校高一終了後、昭和９年埴南農蚕学校二年に編入したことによる

3 修業證書

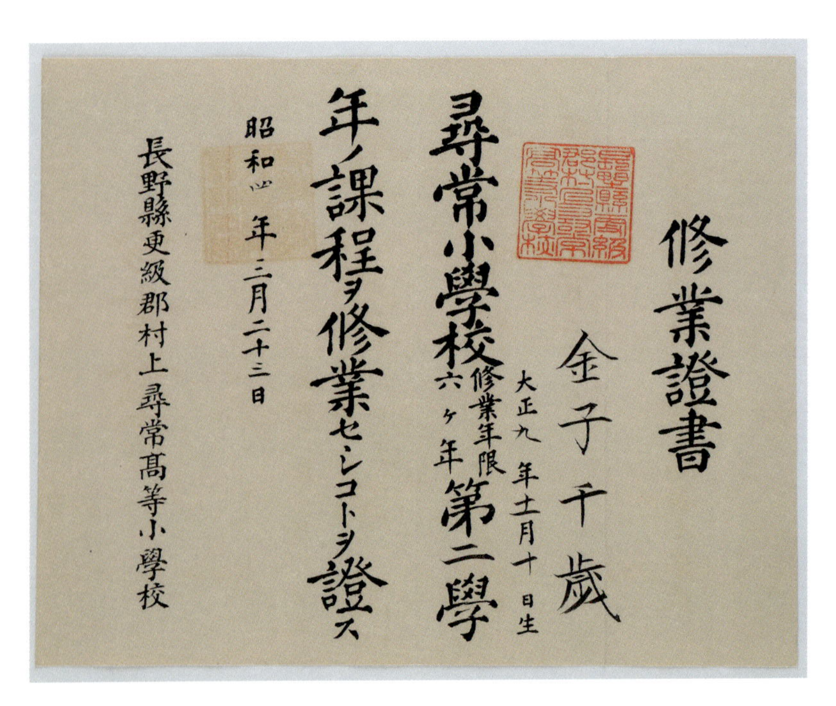

修業證書

金子千歳

大正九年十一月十日生

尋常小學校修業年限六ヶ年第二學年ノ課程ヲ修業セシコトヲ證ス

昭和四年三月二十三日

長野縣更級郡村上尋常高等小學校

注釈

・昭和 4 年 3 月 23 日、尋常小学校第二学年の修業證書

4　賞状

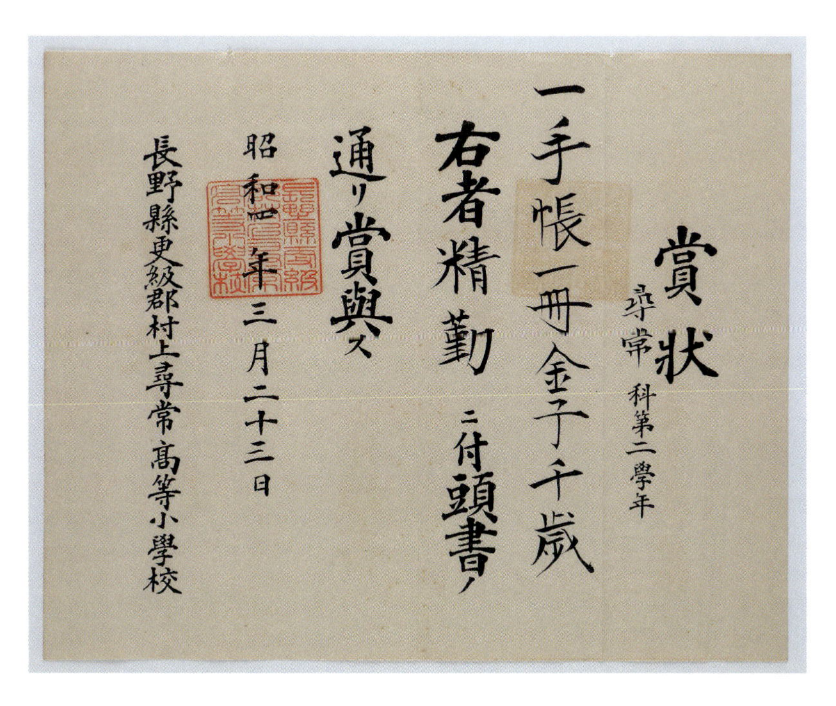

賞状
尋常科第二學年
金子千歳
一手帳一冊
右者精勤ニ付頭書ノ
通リ賞與ス
昭和四年三月二十三日
長野縣更級郡村上尋常高等小學校

注釈

・昭和4年3月23日、尋常科第二学年、精勤に付き手帳1冊賞與された賞状

5 埴南農蚕学校授業料徴収令書

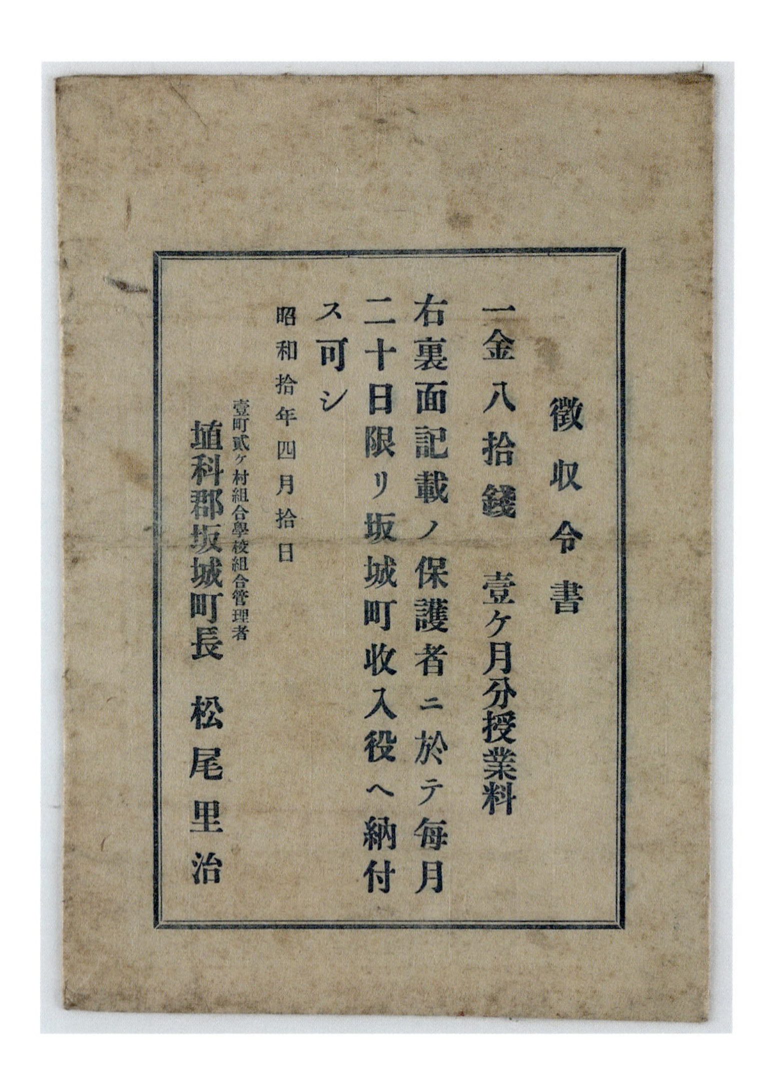
徴収令書

一金八拾錢　壹ケ月分授業料

右裏面記載ノ保護者ニ於テ毎月二十日限リ坂城町收入役へ納付ス可シ

昭和拾年四月拾日

壹町貮ケ村組合學校組合管理者
埴科郡坂城町長　松尾里治

注釈

・昭和 10 年 4 月 10 日、埴南農蚕学校の授業料徴収令書（表）

・1 箇月分の授業料が、80 銭であることがわかる

・埴南農蚕学校（現：長野県坂城高等学校）：明治 43 年実業教育振興を目的に、長野県組合立埴南農蚕学校として創立。坂城町、中之条村、南条村の一町二箇村の組合立学校〈坂城高等学校創立七十五周年記念誌〉

授業料領收證書

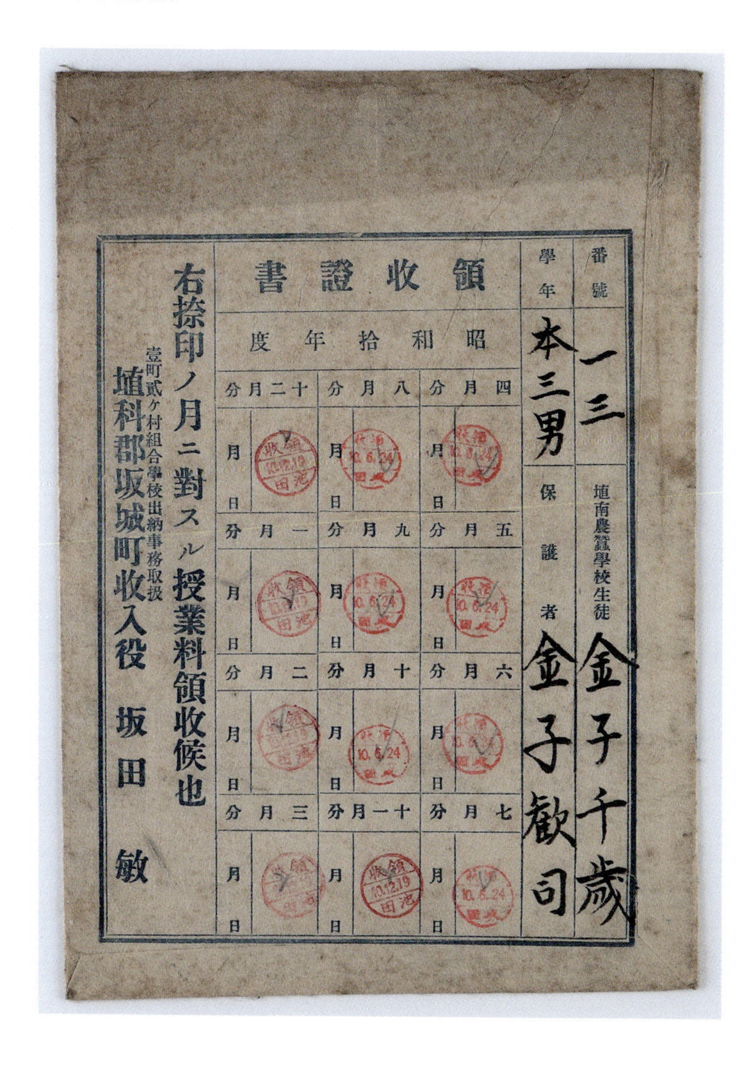
領收證書

昭和拾年度

番號　一三

學年　本三男

埴南農蠶學校生徒　金子千歳

保護者　金子歡司

四月分	八月分	十二月分
月　日	月　日	月　日
五月分	九月分	一月分
月　日	月　日	月　日
六月分	十月分	二月分
月　日	月　日	月　日
七月分	十一月分	三月分
月　日	月　日	月　日

右捺印ノ月ニ對スル授業料領收候也

壹町貳ケ村組合學校出納事務取扱

埴科郡坂城町收入役　坂田敏

注釈

・埴南農蚕学校、昭和10年度の授業料領収證書（前頁徴収令書の裏面）

・「学年：本三男」とは、本科、第三学年、男子のこと

・徴収令書（前頁）では、「毎月二十日限リ坂城町収入役へ納付ス可シ」とあるが、領収證書の印には「10.6.24」「10.12.19」とあり、複数月まとめて納付している

6　雑記帳　表紙

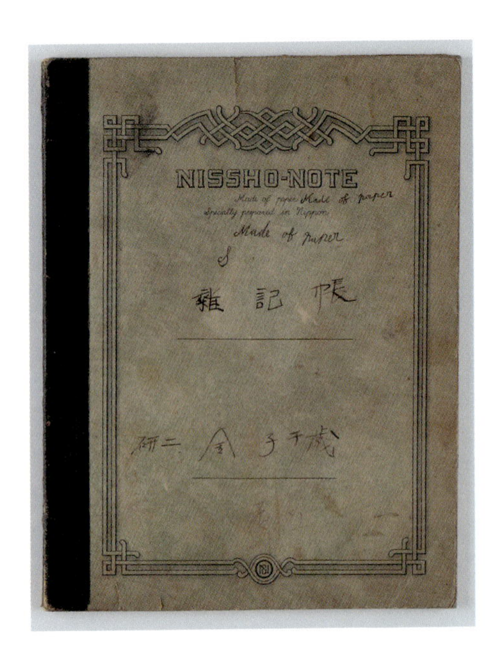

雑記帳　裏表紙

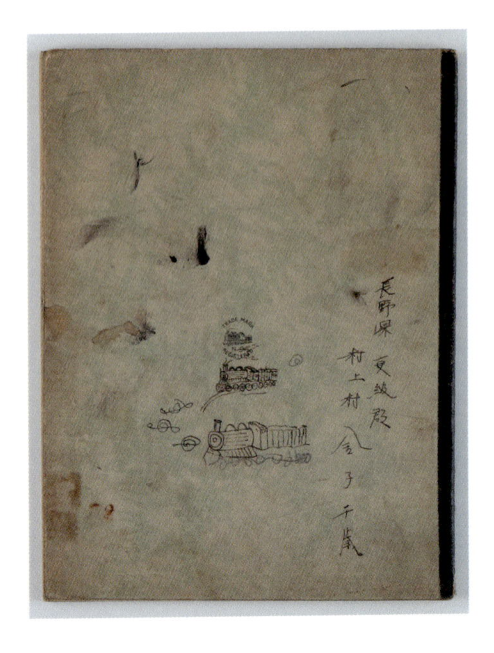

注釈
・上が雑記帳（昭和 13 年）表紙
・下が裏表紙
・研二：埴南農蚕学校には、本科男子卒業生の教育振興のため、男子研究科（修業年限三箇年）があり、「研二」とは研究科第二学年のこと

雑記帳の中　絵

注釈

・雑記帳の中で、唯一の絵

・冬の景色とあるのに、なぜか半ズボンで下駄を履いている

雑記帳の中　慰問状下書き1

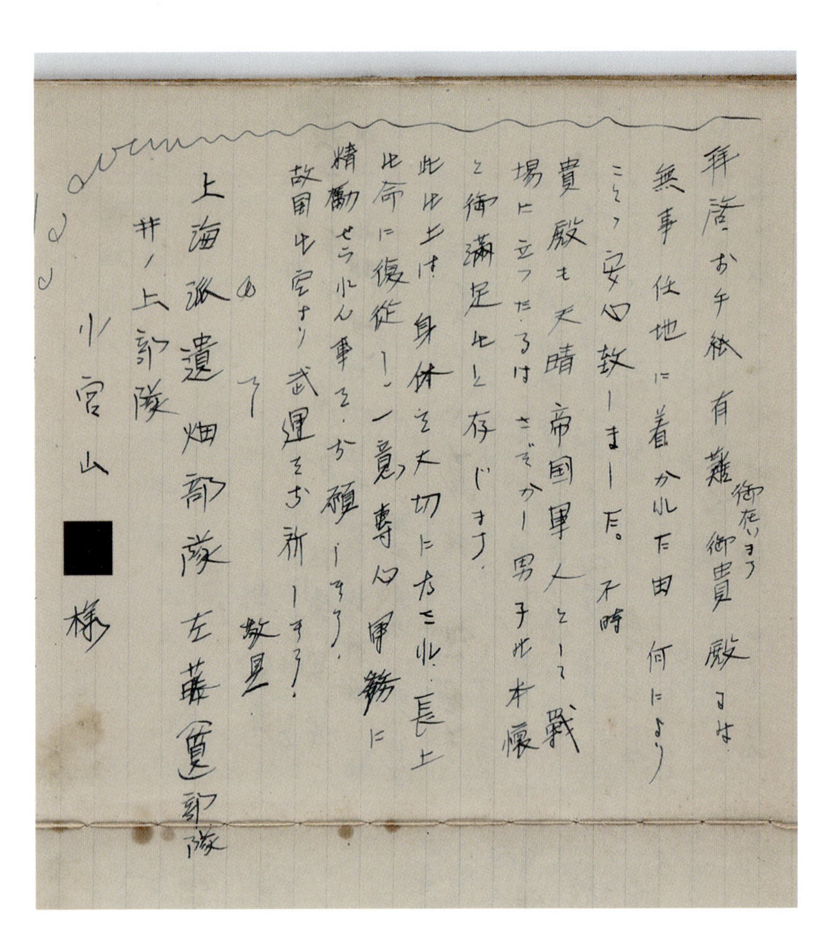

拝啓お手紙有難く御貴殿には
無事任地に着かれた由何により
こそ安心致しました。不時
貴殿も天晴帝国軍人として戦
場に立つたるはさぞかし男子の本懐
と御満足のことと存じます。
此の上は身体を大切になされ長上
の命に服従し一意専心軍務に
精励せられん事をお願ひします。
故国の空より武運をお祈りします。
敬具
上海派遣畑部隊左藤（質）部隊
井ノ上部隊
小宮山　様

注釈

・雑記帳の中、活字は次頁

・上海派遣畑部隊左藤（質）部隊井ノ上部隊 小宮山様への慰問状の下書き

活字

拝啓お手紙有難御在います　御貴殿には
無事任地に着かれた由　何により
ことと安心致しました。　不時
貴殿も天晴帝国軍人として戦
場に立つたるは　さぞかし男子の本懐
と御満足のと存じます
此の上は　身体を大切になされ、長上
の命に復従し、一意専心軍務に
精励せられん事を、お願します
故国の空より武運をお祈します
敬具

上海派遣畑部隊左藤（質）部隊
井ノ上部隊
小宮山　■　様

雑記帳の中　慰問状下書き2

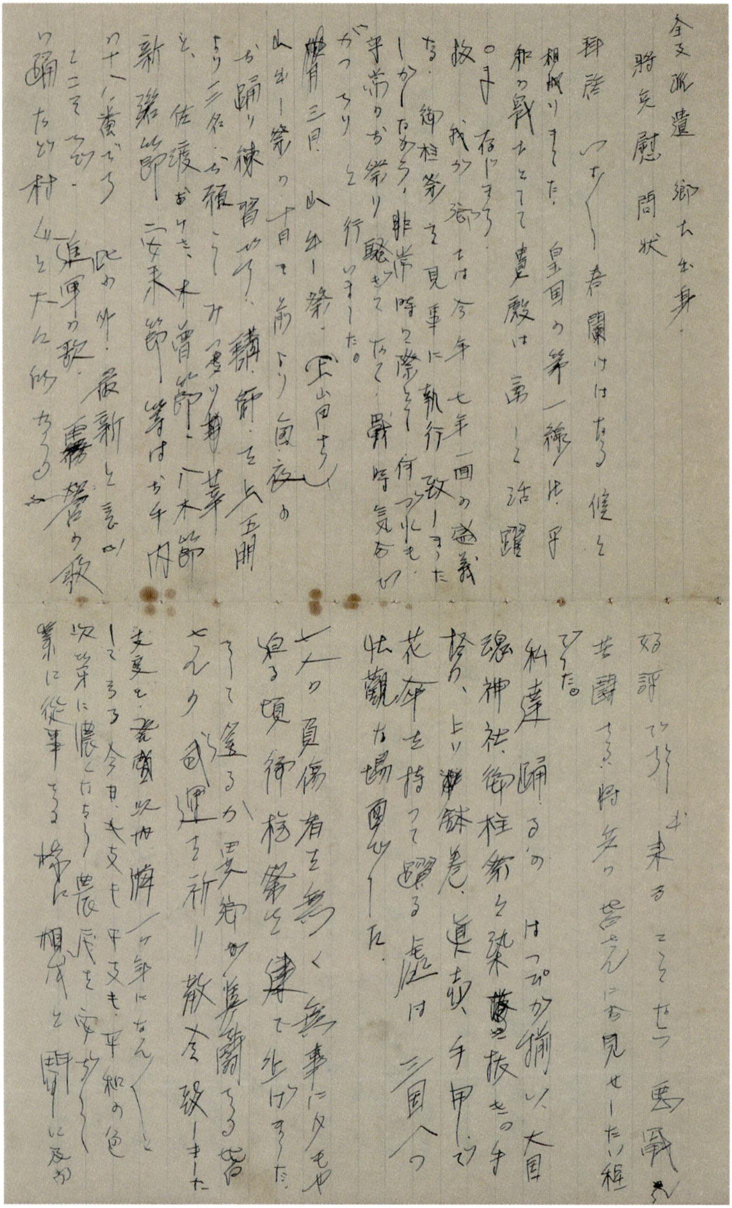

注釈
・雑記帳の中、活字は次頁
・全支派遣郷土出身将兵への慰問状の下書き

活字

全支派遣　郷土出身
　将兵慰問状

拝啓　いよいよ春蘭なはなる候と
相成りました　皇国の第一線の　平
和の戦士として貴殿は勇ましく活躍
の事存じます
扨　我が郷土は今年七年一回の盛義
なる御柱祭を見事に執行致しました
しかしながら、非常時に際して何づれも
平常のお祭り騒ぎでなく、戦時気合で
がっちりと行いました。
三月　山出し祭（上山田より）
山出し祭の十日も前より毎夜の
お踊り練習です　講師を上五明
より一二名お願してみっちり　□
と、佐渡おけさ、木曽節、八木節
新□節　安来節等はお手内
の十八番です　此の外、最新と言ふ
ところで　進軍の歌　露営の歌
の踊など村人と大々的なる
好評です　来る□□□□悪戦
苦闘する将兵の皆さんにお見せしたい程
でした。
私達踊るの　はっぴが揃い大国
魂神社御柱祭と染抜きの手
拭、上り鉢巻　眞赤手中で
花笠を持って躍る處は三国への
壮観な場面でした。
一人の負傷者も無く無事に夕もや
迫る頃御柱祭を建て上げました
そして遥か異郷で奮闘せる皆
さんの武運を祈り散会致しました

《以下省略》

雑記帳の中　村上青年学校の日記

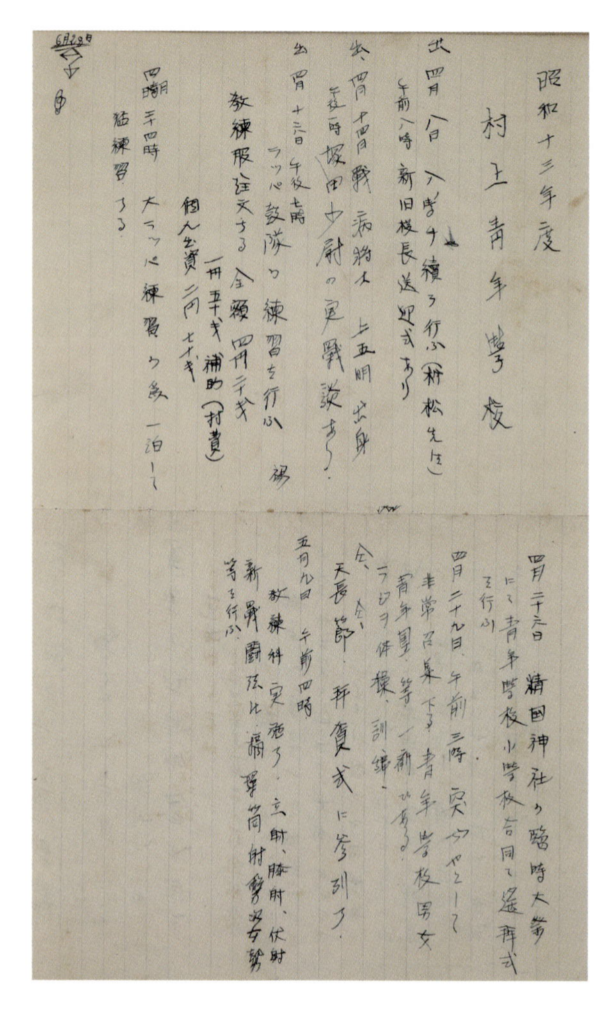
昭和十三年度
村上青年学校
四月八日 入学手続ヲ行ふ（竹松先生）
午前八時 新旧校長送迎式あり
四月十四日 戦病将士 上五明出身
[illegible] 坂田少尉の実戦談あり。
四月十六日 午後七時
ラッパ鼓隊の練習を行ふ
教練服注文する 全額四円二十銭
一円五十銭補助（村費）
個人出資二円七十銭
四月二十四時 午後四時 大ラッパ練習の為一泊して
猛練習する。
四月二十六日 靖国神社の臨時大祭にて青年学校小学校合同で遥拝式を行ふ
四月二十九日 午前三時 突如として
非常召集下る 青年学校男女
青年団等一斉である
ラジオ体操、訓練
天長節 拝賀式に参列す
五月九日 午前四時
教練科実施す 立射、膝射、伏射
新兵器 [illegible]
等を行ふ

注釈

・雑記帳の中、活字は次頁。埴南農蚕学校研究科から、村上青年学校へ入学

・昭和13年4月8日から5月9日までの村上青年学校の日記

・「四月二十四時」は、「四月二十四日」の書き間違いと思われる

・青年学校：昭和10年4月公布「青年学校令」に基づいて、農村勤労青年の実際生活向上させることを意図して設けられたが、高度国防国家建設の要請にこたえ、軍事的訓練が強化されていった〈坂城町誌〉

・村上青年学校：昭和10年7月30日、村上実業補修学校（村上尋常高等小学校付設）の校名が村上青年学校に変更された。本科男子の科目では、教練科の時数が多かった〈坂城町誌〉（教練科の教科書は26頁に掲載）

活字

昭和十三年度
　村上青年學校

出　四月八日　入学手続き行ふ（村松先生）
　午前八時　新旧校長送迎式あり

出　四月十四日　戦病将士　上五明出身
　午後一時　塚田少尉の実戦談あり

出　四月十六日午後七時
　ラッパ鼓隊の練習を行ふ
　教練服注文する全額四円二十銭
　一円五十銭補助（村費）
　個人出費二円七十銭

四月二十四時　大ラッパ練習の為一泊して
　猛練習する

四月二十六日　靖国神社の臨時大祭
　にて青年學校小學校合同て遙拝式
　を行ふ

四月二十九日　午前三時突如□として
　非常召集下る　青年學校男女
　青年団等一斉である
　ラジオ体操訓辞

仝、仝、
　天長節　拝賀式に参列す

五月九日　午前四時
　教練科実施す　立射、膝射、伏射
　新戦闘法の□□筒射撃姿勢
　等を行ふ

7 青年学校教練科教科書

注釈
・青年学校教練科教科書下巻の表紙

青年学校教練科教科書の目次

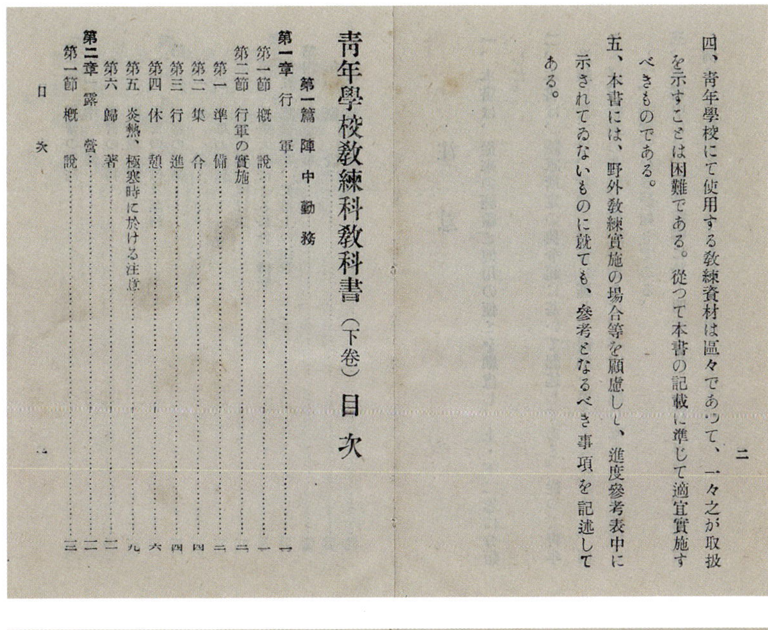

二

四、青年學校にて使用する教練資材は區々であつて、一々之が取扱を示すことは困難である。從つて本書の記載に準じて適宜實施すべきものである。

五、本書には、野外教練實施の場合等を顧慮し、進度參考表中に示されてゐないものに就ても、參考となるべき事項を記述してある。

青年學校教練科教科書（下卷）目次

第一篇　陣中勤務

目　次

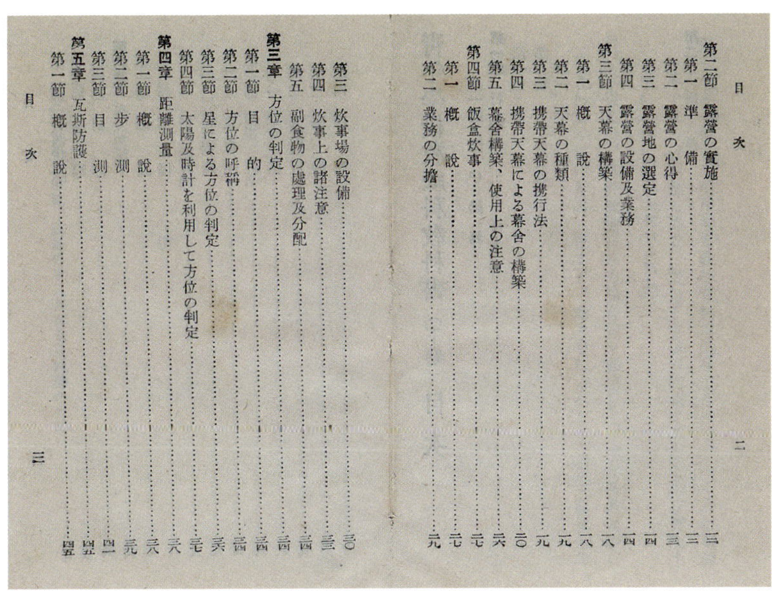

目　次　　二

目　次　　三

注釈

・青年学校教練科教科書の目次。露営の実施、天幕の構築、飯盒炊事、方位の判定、距離測量、瓦斯防護の章題が並ぶ

ならぬ軍事技術は、益々廣く、益々深く且複雜に赴き、日夜を通じて頗る多量の教育を行はなければならぬ。特に前にも述べたやうな軍人としての諸資質は、所謂常住座臥の間、四六時中修養しても尚且足らないものであり、此の短少年月の間に、上述の如き多くの德性を涵養することと、軍事技能を修得するためとには、どうしても兵營に於て起居せしめることが絕對に必要なのである。從つて軍隊なるものは、決して苦痛を與へたりするやうな所ではないが、併し前に述べたやうに、修養の一大殿堂であるからして、決して樂なものではないといふことだけは、覺悟しておかなければならない。

さて軍隊生活にも陸軍、海軍の別があり、陸軍の中にも各種の兵科があり、海軍の中でも軍艦に乘組む者もあり、或は陸上に勤務する者もあつて、之を詳細に亙り述べることは、到底短時間では出來ないから共通的の事を概說することにする。

軍隊の起居動作は、凡て時刻を定め、規則正しく行はれるものであつて、陸海軍共、多くは各獨立部隊（艦艇）毎に、喇叭の號音に依つて律せられる。朝起きるときも皆一齊に起床の號音によつて跳び起きるのである。早曉眠り尙深き頃、嚠喨たる喇叭の響と共に、數百の血氣の若人が、暖かい床を蹴つて跳び起きる。

起床後約一時間後に朝食を喫するのであるが、其の間全員協同して營庭や軍艦の甲板或は居室の掃除をする。かくして朝食後、其の日其の日の訓練が始まるのである。卽ち先づ自己の周圍を清淨にして心境を淨め、而して修練に移るのである。

日常の訓練は夫々專門の軍事技能の練磨に從事するのであるが、普通は夕刻前に終るのである。夕刻再び營內又は艦內を淸掃して、晝間訓練のために荒された修練道場を淨めるのである。夜は各兵自由の時間であつて、讀書、娛樂其の

教練科教科書　二二八～二二九頁

注釈

・教練科教科書下巻の 228 ～ 229 頁「軍隊生活」（以下、主な内容）
・各独立部隊毎に、喇叭（ラッパ）の號音に依って律せられる
・朝起きるときも皆一斉に起床の號音によって飛び起き…暖かい床を蹴って飛び起きる
・起床後…全員協同して営庭や…居室の掃除をする
・起床後約一時間後に朝食を喫する
・朝食後、其の日其の日の訓練が始まる
・日常の訓練は…普通は夕刻前に終る
・夕刻再び営内を清掃して、昼間訓練のために荒らされた修練道場を浄める

教練科教科書　二八〇～二八一頁

關係を深からしめるに至つた。

斯くの如く日滿の關係が緊密となり、其の提携は東亞平和の礎石たるに至つたにも拘らず、滿洲に蟠踞してゐた舊東北政權は、內、庶民を苛斂誅求に苦しめ、外、我が權益を侵犯し、遂には我が生存權をすら脅威するに至つては、東洋平和の維持を國是とし、人類の共存共榮を念とする皇國にとつては、看過するを得ない事態であつたのである。

かくて昭和六年九月十八日夜支那軍の暴戾により、皇軍自衛權の發動となり、舊政權の沒落を見るや、今迄虐げられてゐた三千萬の民衆は、之を天與の機緣として蹶起し、新國家の建設に著手し、遂に昭和七年三月一日を期して中華民國との關係を離脫し、新滿洲國の誕生を見るに至つたのである。建國に方り滿洲國政府の發表した建國宣言書の一節に曰く、

「今や何の幸ぞ、手を隣師に借りて玆に醜類を驅り、積年軍閥蟠踞し、秕政萃聚せる地を擧げ、一旦にして之を廓淸す。此れ天、我が滿蒙の民に蘇生の良機を與へしなり。吾人の當に奮然として興起し、邁往無前、以て更始を圖るべきのみ」と、當時の經緯を說いて餘蘊がない。

而して其の政治を行ふにあたつては、內、舊來の暗黑政治を排して、人類和衷の樂土建設を圖り、外、信義を篤うして和親を求むる等、內外に對して公正妥當なる政策を行ふべきを表明したのである。

皇國は右のやうな滿洲國の公正妥當な政策を贊し、之を援助し發展せしむることが、眞に東亞の安寧と福祉とを增進し、延いては世界平和維持に貢獻する所以なるを信じ、昭和七年九月十五日、列國に率先して日滿議定書を調印して滿洲國を承認し、玆に日滿兩國の不可分關係を形成することとなつたのである。

かくの如くにして建設せられた滿洲國は、建國後日尙淺きに拘はらず、其の道義國家としての儼存と、隆々たる國運進展の跡とは、眞に世界歷史上稀に見る

注釈

・教練科教科書下巻の 280 ～ 281 頁「滿州事変」
・昭和 7 年 3 月 1 日、新満州国の誕生（280 頁右から 9 行目）
・昭和 7 年 9 月 15 日、日満議定書を調印（281 頁左から 4 行目）
・千歳の任地となった満州のことが記載されている

教練科教科書奥付

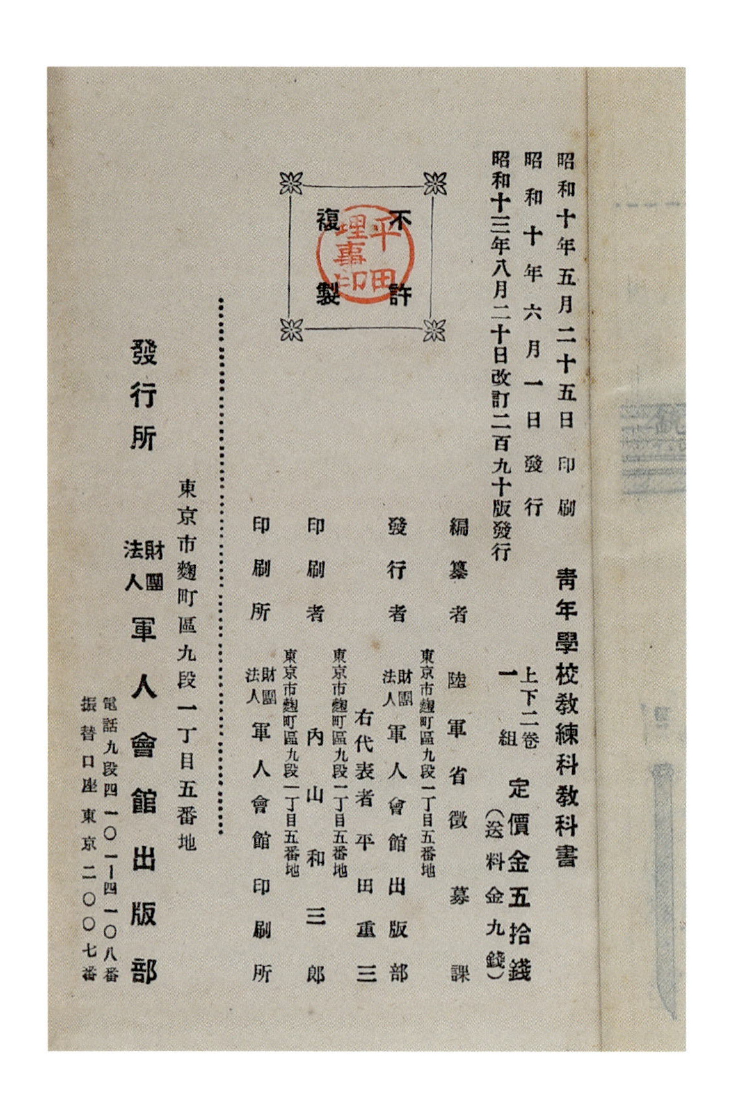
昭和十年五月二十五日印刷
昭和十年六月一日發行
昭和十三年八月二十日改訂二百九十版發行

青年學校教練科教科書
上下二卷一組　定價金五拾錢（送料金九錢）

不許複製

編纂者　陸軍省徴募課
發行者　東京市麴町區九段一丁目五番地　財團法人軍人會館出版部　右代表者　平田重三
印刷者　東京市麴町區九段一丁目五番地　內山和三郎
印刷所　東京市麴町區九段一丁目五番地　財團法人軍人會館印刷所

發行所　東京市麴町區九段一丁目五番地
財團法人軍人會館出版部
電話九段四一〇一―四一〇八番
振替口座東京二〇〇七番

注釈

- 教練科教科書下巻の奥付（以下、主な内容）
- 昭和十三年八月二十日改訂二百九十版発行
- 上下二巻一組　定価金五十銭（送料金九銭）
- 編纂者　陸軍省徴募課
- 発行者　財団法人軍人會館出版部
- 印刷所　財団法人軍人會館印刷所

8　入営兵士壮行会の案内

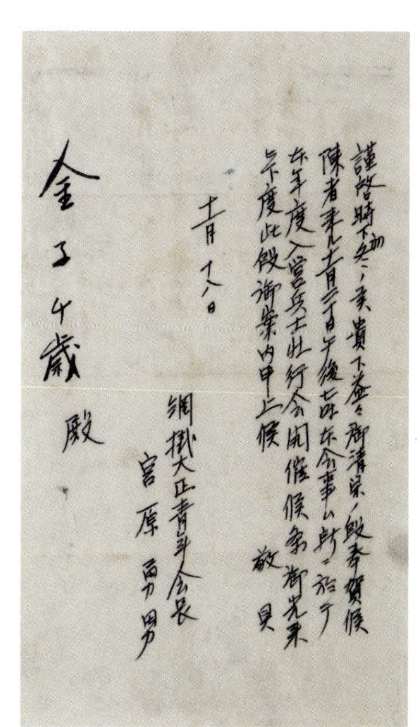

謹啓時下初冬ノ候貴下益々御清栄ノ段奉賀候
陳者来ル十一月二十日午後七時本会事ム所ニ於テ
本年度入営兵士壮行会開催候条御光来
相成度此段御案内申上候　敬具
十一月十八日
網掛大正青年会長
宮原勇男
金子千歳殿

注釈
・網掛大正青年会長より、「(昭和 15 年) 十一月二十日午後七時本会事ム所ニ於テ本年度入営兵士壮行会開催」の案内
・青年会：明治 20 年から各地で設立。行政補助団体として、農事改良、学術研究、体育などを会の目的とした。年齢制限があった〈坂城町誌〉

9　壮行式並に壮行茶話会の案内

拝啓
晩秋の候益々御多祥の段奉賀候
陳者栄ある御入営を祝し度来る十一月二十六日
午後一時より母校に於て壮行式並に壮行茶話
會開催致す可候間萬障御繰合せ御出席
相願度此段御案内候
昭和十五年十一月二十日
埴南農蚕學校長
男子同窓會長
金子千歳殿

注釈
・埴南農蚕学校長、男子同窓会長より、「(昭和 15 年) 十一月二十六日午後一時より母校に於て壮行式並に壮行茶話会開催」の案内
・埴南農蚕学校：16 頁参照

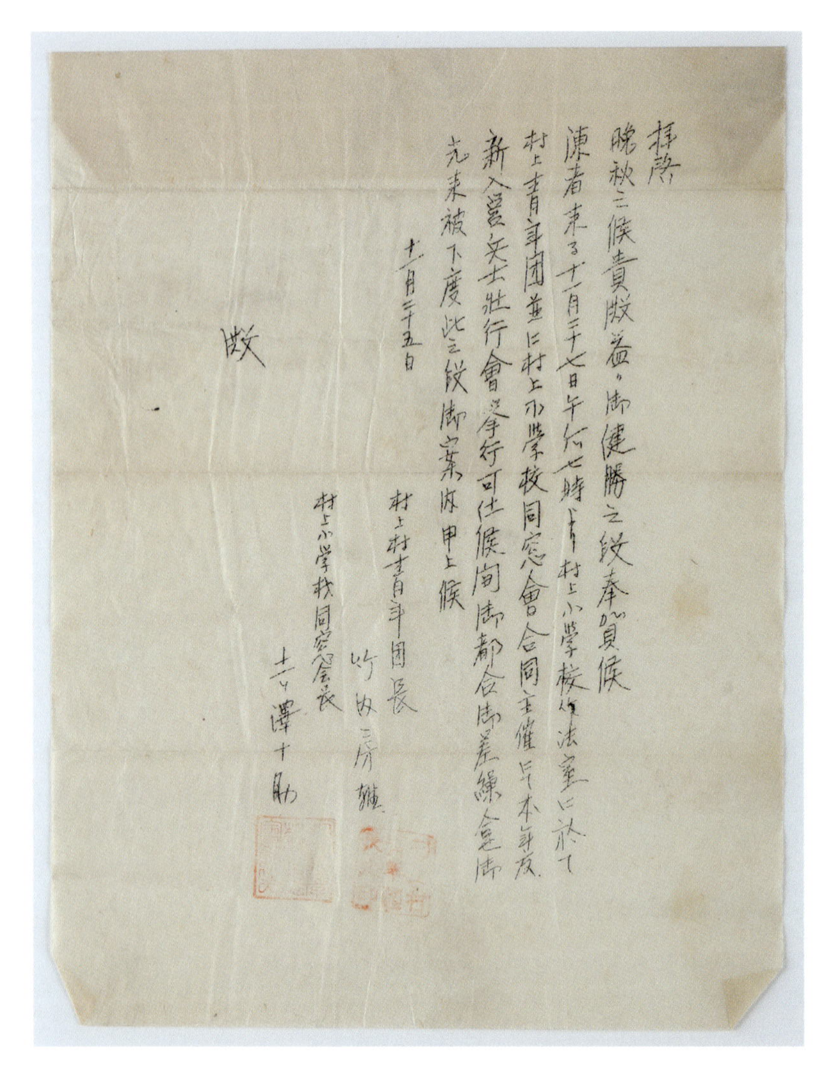

拝啓
晩秋之候貴殿益々御健勝之段奉賀候
陳者来る十一月二十七日午后七時より村上小学校作法室に於て
村上青年団並に村上小学校同窓会合同主催にて本年度
新入営兵士壮行会挙行可仕候間御都合御差繰合之上御
光来被下度此之段御案内申上候
十一月二十五日
村上村青年団長
竹内三房雄
村上小学校同窓会長
十々澤十助
殿

10 新入営兵士壮行会の案内

注釈

・村上村青年団長、村上小学校同窓会長より、「(昭和 15 年) 十一月二十七日午後七時より村上小学校作法室に於て…合同主催にて本年度新入営兵士壮行会挙行」の案内

・青年団：(昭和 5 年頃) 青年団の主たる目的は、自主的な修養・奉仕団体の性格をもっていた。軍国体制の強化とともに、戦争協力団体となっていった〈日本大百科全書〉

新入営兵士壮行会の案内が入っていた封筒

注釈
・村上村青年団長よりの案内（前頁）が入っていた封筒
・村上村青年団事務所が村上尋常高等小学校内に置かれていた

11　入営準備打合会開催ノ件

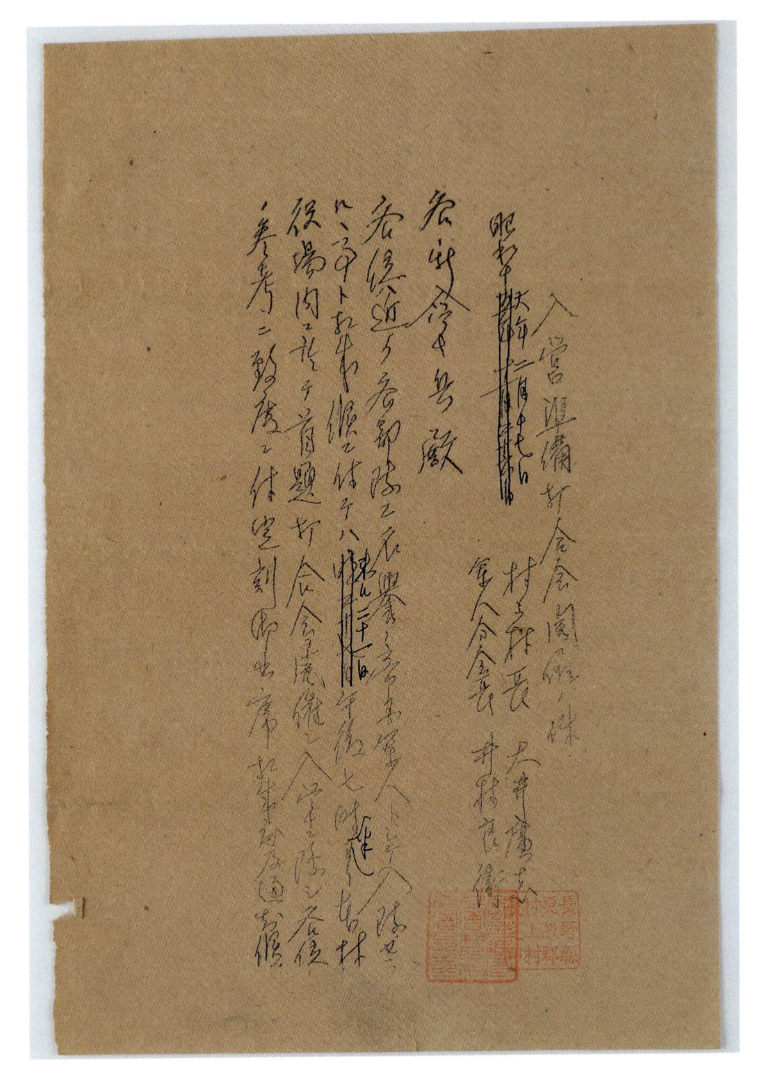

注釈
・活字は次頁
・村上村長、軍人分会長より、「来ル（昭和 16 年 2 月）二十一日午後七時半ヨリ本村役場内ニ於テ首題（入営準備）打合会ヲ開催」の通知
・軍人分会：町村長によって、兵事行政の補助や在郷軍人（予備役、退役軍人など）の管理を目的に組織された。戦死者の慰霊祭などを主催した〈世界大百科事典〉

活字

入営準備打合会開催ノ件

昭和十六年二月十七日　　村上村長　　大井廣志
軍人分会長　井村良衛

各新入営兵殿

各位ハ近ク各部隊ニ名誉ノ帝国軍人トシテ入隊セラルヽ事ト相成候ニ付テハ来ル二十一日午後七時半ヨリ本村役場内ニ於テ首題打合会ヲ開催シ入営ニ際シ各位ノ参考ニ致度ニ付定刻御出席相成度及通知候

12 入営準備打合会開催ノ件の封筒

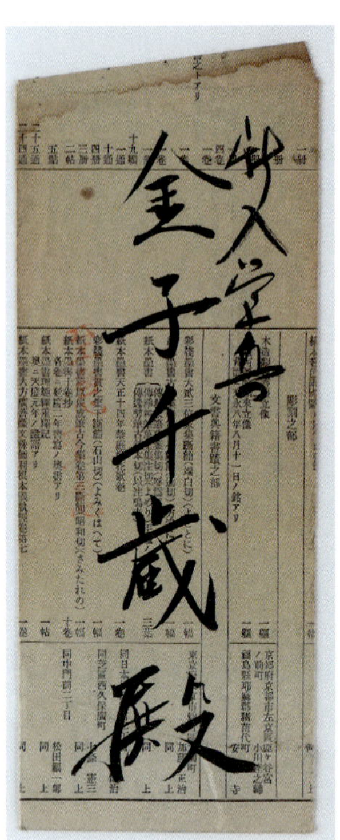

封筒の内側

注釈
・34 頁の「入営準備打合会開催ノ件」が入っていた封筒
・官報で作られている（次頁参照）
・封筒の内側を覗くと「昭和十一年九月十二日　大蔵大臣」「大蔵省告示第二百七十五號」と印刷された文字が読める

同じ日付の官報

◎內務省告示第四百九十二號

國籍法第二十條ノ二第二項ノ規定ニ依リ日本國籍ノ離脱ヲ爲シタル者左ノ如シ

昭和十一年九月十二日

內務大臣　潮　惠之輔

原　籍　廣島縣高田郡志屋村大字志路耕二千二百九十二番地ノ一
現住地　米領布哇縣オアフ島ワヒアワ
橋井　敏男

原　籍　沖繩縣中頭郡中城村字喜舍場九十三番地
現住地　米領　布哇縣　ラナイ島ラナイシチー
比嘉　仁正

原　籍　山口縣熊毛郡佐賀村大字佐賀第三千八百五十六番地
現住地　米領布哇縣オアフ島ホノルル市
新本　良雄

原　籍　沖繩縣島尻郡小祿村小祿二千三百四十四番地
現住地　米領布哇縣布哇島　小原十七番ハヴイ
上原　次太
上原　正善

ェ耕地　山田　貫

◎大藏省告示第二百七十四號

函館市吉川町六十一番地、六十三番地及六十四番地所在丸一木材株式會社私設保稅工場特許期限ヲ昭和十四年八月二十四日迄延長ノ件昭和十一年八月二十四日許可アリタリ

昭和十一年九月十二日

大藏大臣　馬場　鍈一

◎大藏省告示第二百七十五號

大阪市港區南境川町三丁目三十番地所在株式會社横河橋梁製作所私設保稅工場ハ昭和十一年八月二十六日限リ廢業ニ因リ特許消滅セリ

昭和十一年九月十二日

大藏大臣　馬場　鍈一

◎文部省告示第三百二十一號

左記物件昭和八年法律第四十三號第二條ニ依リ認定ス

昭和十一年九月十二日

文部大臣　平生釟三郎

紙本著色大阪圖　六曲屛
絹本墨畫維摩居士圖
絹本著色寒江獨釣圖　傳馬麟筆
絹本著色聖德太子勝鬘經講
紙本著色山水圖　曾我紹仙筆　大永二年癸
絹本著色羅漢圖
絹本著色羅漢圖
紙本著色妙然尼壽像　永祿甲子曆仲多良辰日
紙本墨畫布袋圖　仲安眞康筆
絹本著色羅漢圖　西金屛士筆
紙本金地著色薄鶉圖　六曲屛
紙本金地著色菊花圖　伊達政　四曲屛
紙本金地著色萩に鹿圖　伊達　四曲
紙本著色一遍上人繪傳
絹本著色牡丹花肖柏像　大永　秋上
紙本著色扇面貼交屛風　六曲
紙本著色山水圖　彭城百川　丁卯仲春　六曲屛
紙本著色山水人物圖　雲谷等　六曲屛

官報　第二九一一號　昭和十一年九月十二日　土曜日

注釈

・上田市立上田図書館で複写した同館所蔵資料の「官報　第二九一一號　昭和十一年九月十二日」。2段目に「大蔵省告示第二百七十四號（中略）昭和十一年九月十二日　大蔵大臣」、続いて「大蔵省告示第二百七十五號」とあり、封筒が官報で作られていたことがわかる

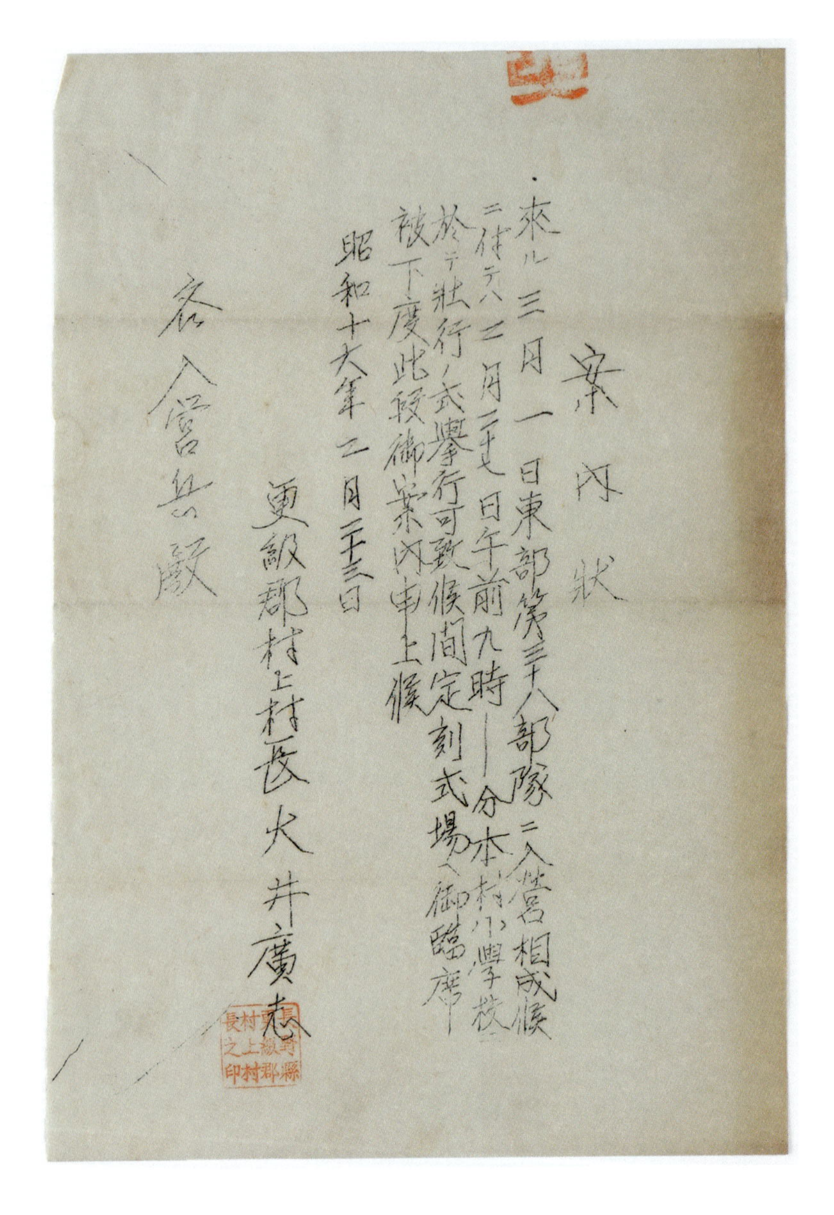
案内状

来ル三月一日東部第三十八部隊ニ入営相成候
ニ付テハ二月二十七日午前九時ー分本村小學校
ニ於テ壮行ノ式擧行可致候間定刻式場ヘ御臨席
被下度此段御案内申上候

昭和十六年二月二十三日

更級郡村上村長大井廣志

各入営兵殿

長野縣更級郡村上村長之印

13 壮行ノ式の案内状

注釈

・活字は次頁

・村上村長より、「(昭和 16 年) 二月二十七日午前九時——分本村小学校ニ於テ壮行ノ式挙行」の案内

活字

案　内　状

来ル三月一日東部第三十八部隊ニ入営相成候ニ付テハ二月二十七日午前九時――分本村小學校ニ於テ壮行ノ式挙行可致候間定刻式場ヘ御臨席被下度此段御案内申上候

昭和十六年二月二十三日

更級郡村上村長　大井廣志

各入営兵殿

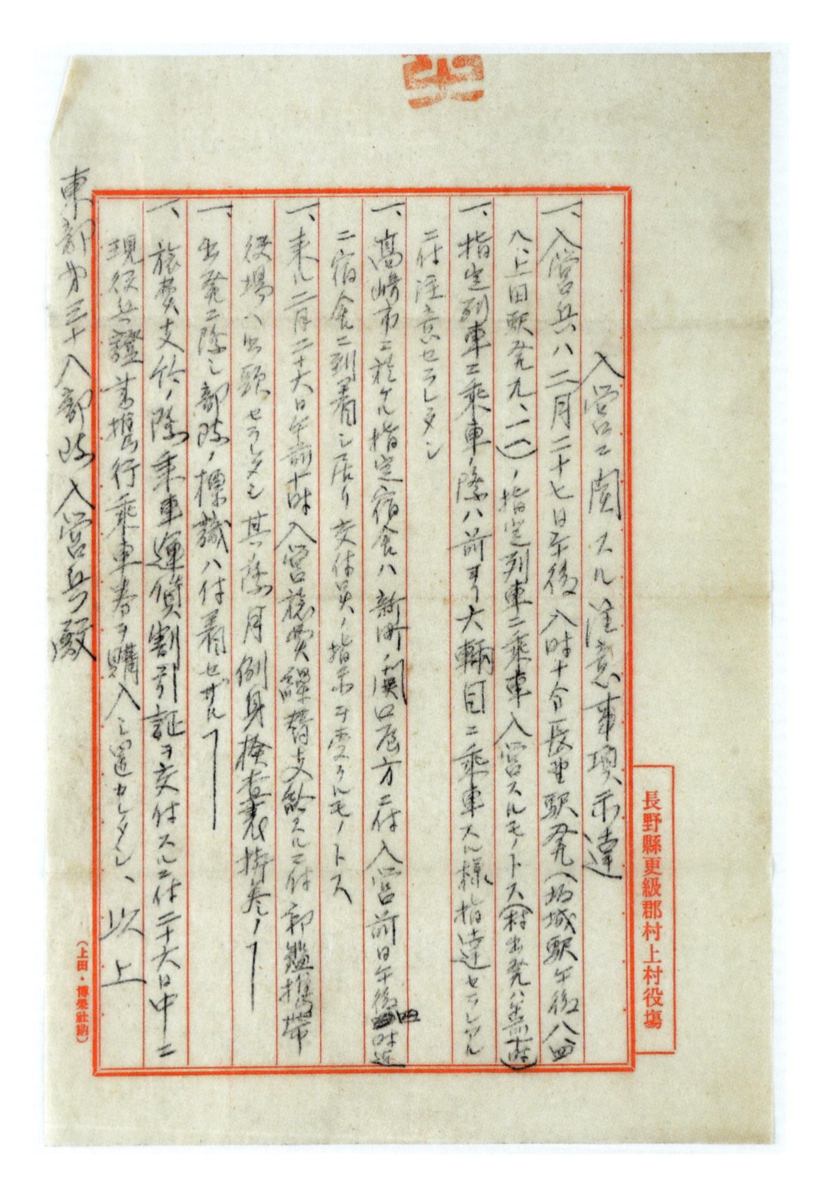
入営ニ関スル注意事項示達

一、入営兵ハ二月二十七日午後八時十分長野駅発（坂城駅午後八時四〇分、上田駅発九、二〇）ノ指定列車ニ乗車入営スルモノトス（村出発ハ午後四時）

一、指定列車ニ乗車ノ際ハ前方ノ大輌目ニ乗車スル様指定セラレタルニ付注意セラレタシ

一、高崎市ニ於ケル指定宿舎ハ新町ノ関口庄方ニ付入営前日午後四時迄ニ宿舎ニ到着シ居リ交付員ノ指示ヲ受クルモノトス

一、来ル二月二十六日午前十時入営旅費ノ繰替支給スルニ付印鑑携帯役場ヘ出頭セラレタシ 其ノ際月例身検査表持参ノ了

一、出発ニ際シ部隊ノ標識ハ付着セザル了

一、旅費支給ノ際ハ乗車運賃ハ割引証ヲ交付スルニ付二十六日中ニ現役兵證書携行乗車券ヲ購入シ置カレタシ、 以上

東部第三十八部隊入営兵殿

長野縣更級郡村上村役場

（上田・博楽社納）

14 入営ニ関スル注意事項示達

注釈１
・活字は次頁
・38 頁の更級郡村上村長よりの案内状に同封されていた
・「注釈 2」は、42・43 頁

活字

入営ニ関スル注意事項示達

一、入営兵ハ二月二十七日午後八時十分長野駅発（坂城駅午後八、四八、上田駅発九、一一）ノ指定列車ニ乗車入営スルモノトス（村出発ハ午前十時）

一、指定列車ニ乗車ノ際ハ前ヨリ六輌目ニ乗車スル様指達セラレアルニ付注意セラレタシ

一、高崎市ニ於ケル指定宿舎ハ新町ノ関口屋方ニ付入営前日午後四時迄ニ宿舎ニ到着シ居リ交付員ノ指示ヲ受ケルモノトス

一、来ル二月二十六日午前十時入営旅費繰替支給スルニ付印鑑携帯役場ヘ出頭セラレタシ其ノ際月例身検査表持参ノコト

一、出発ニ際シ部隊ノ標識ハ付着セザルコト

一、旅費支給ノ際乗車運賃割引証ヲ交付スルニ付二十六日中ニ現役兵證書携行乗車券ヲ購入シ置カレタシ、以上

東部第三十八部隊入営兵殿

注釈2

・東部第三十八部隊入営ニ関スル注意事項示達

・東部第三十八部隊

高崎において、召集を受けた初年兵を教育訓練して、外地部隊に兵員補充を行うことを任務とした部隊。

・列車時刻

昭和16年2月の時刻表（※1）を調べましたところ、信越本線上りの長野駅発午後8時前後の列車は次のとおりでした。（括弧は著者補足）

	長野発	坂城発	上田発	高崎着
定期	6：56	7：35	7：52	11：19
〃	9：05	9：49	10：05	（軽井沢止まり）
不定期	9：30	10：14	10：37	2：30（午前）

よって、注意事項示達にある長野駅発午後8時10分、坂城駅発午後8時48分、上田駅発9時11分の列車は、時刻表に載っていない列車です。

この列車は、一般の乗客を乗せない、入営兵のみを高崎駅まで輸送する特別な列車とわかりました。

※１　当時の時刻表は、「24時間制」でなく「午前と午後」の時刻表示でした。
引用した時刻表では、「時間の午前と午後の表示方」として、次のとおりでした。
午前は細数字（午前０：01より正午12：00まで）
午後は太数字（午後０：01より正子12：00まで）

・高崎着
時刻表にある長野駅発午後６時56分の列車は、上田駅から高崎駅間が３時間27分となります。千歳の乗車した長野駅発午後８時10分の列車の高崎駅到着予定時刻は、上田駅発午後９時11分に３時間27分を加えて、高崎駅着深夜０時38分となります。
「乗車ノ際ハ前ヨリ六輛目ニ乗車スル様…」とあり、６輛以上の編成列車です。千歳を含む多くの入営兵が、２月28日未明午前０時38分に高崎駅到着後、「入営前日（28日）午後四時迄ニ宿舎ニ到着」の間、どこで何をしていたのだろう。

・高崎を歩いて
「指定宿舎ハ新町ノ」の新町（あらまち）は、高崎駅より西へ徒歩５分でした。
東部第三十八部隊兵営地跡は、高崎駅より西へ徒歩10分でした。

15 前途を祝する為に粗酒差上の御使

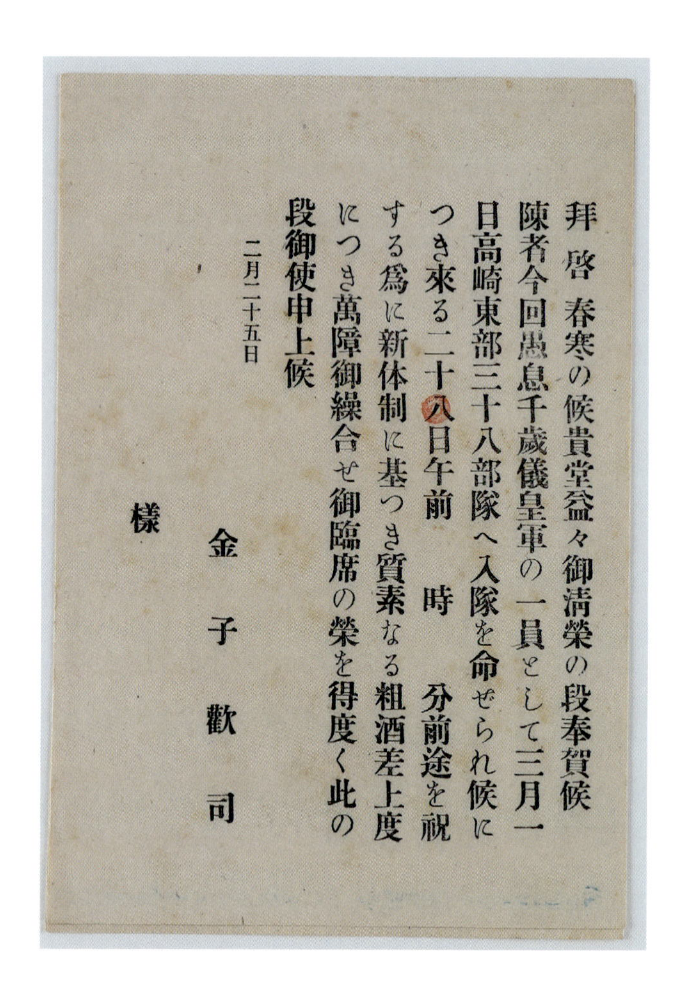

拝啓　春寒の候貴堂益々御清榮の段奉賀候
陳者今回愚息千歳儀皇軍の一員として三月一
日高崎東部三十八部隊へ入隊を命ぜられ候に
つき來る二十八日午前　　時　　分前途を祝
する爲に新体制に基つき質素なる粗酒差上度
につき萬障御繰合せ御臨席の榮を得度く此の
段御使申上候

二月二十五日

金子　歡司

様

注釈

・（父）歓司が、「千歳儀…入隊を命ぜられ…前途を祝する爲に…粗酒差上…御使申上候」とした案内状
・「八」の文字が赤く塗りつぶされている
・40頁の村上村役場からの「入営ニ関スル注意事項示達」で、「二月二十七日…指定列車ニ乗車」となっている
・次頁の入営祝儀帳では、「昭和拾六年弐月二十七日出発」となっている
・何かの手違いで二十八日と印字され、そこを赤印したものと思われる
・（父）歓司53歳、（母）光代52歳、千歳20歳

16　入営祝儀帳

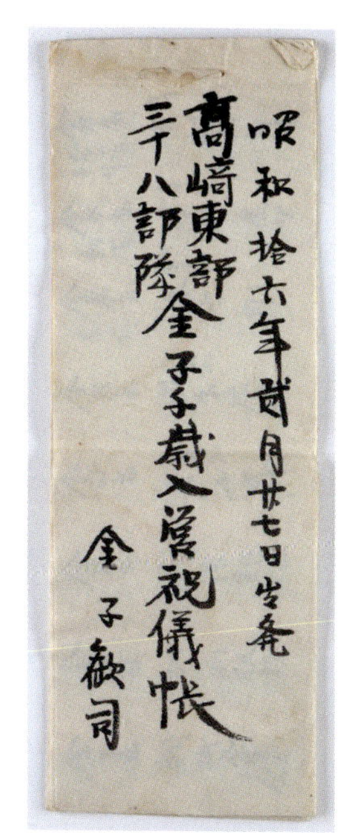
昭和拾六年弐月廿七日出発
高崎東部三十八部隊金子千歳入営祝儀帳
金子敏司

注釈

・昭和十六年二月二十七日出発　高崎東部三十八部隊金子千歳入営祝儀帳

・縁戚、近所、同年など11頁にわたり芳名などが記されている

・入営祝儀帳の4頁目には近所の方々の芳名が記されている

・氏名の扱いは例言（5頁）記載のとおり

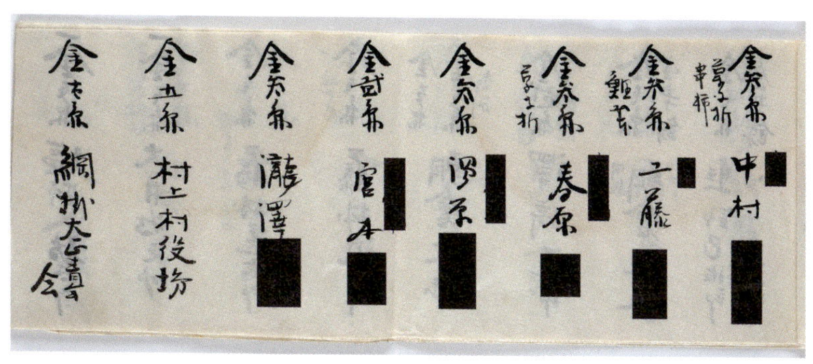

入営祝儀帳　一頁目

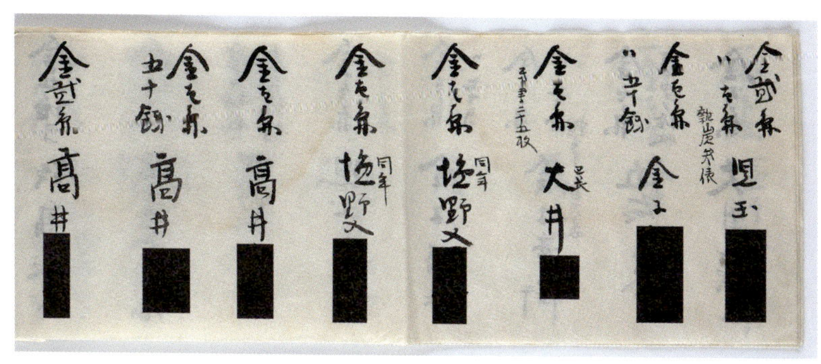

入営祝儀帳　四頁目

入営祝儀帳

料理の品

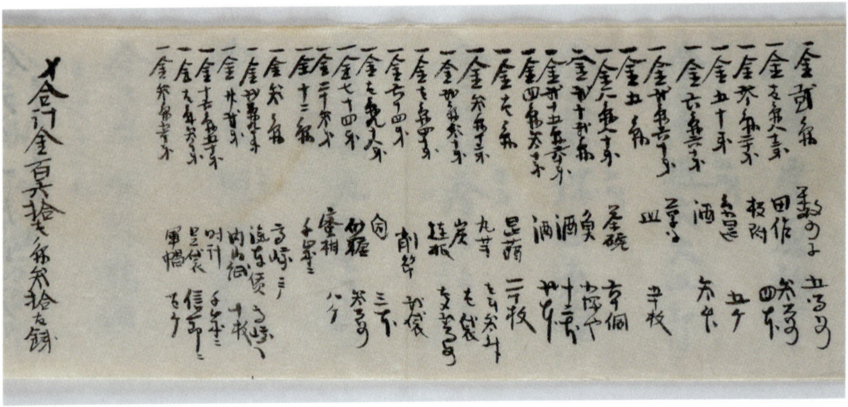

注釈

・活字は次頁

・金子千歳入営祝儀帳の７頁目、料理の品と費用が書かれている

・一匁は 3.75g

活字

一金　弐円　数の子　五百匁
一金　壱円八十二銭　田作　三百匁
一金　参円二十銭　板附　四本
一金　五十銭　糸昆　五ケ
一金　六円六十銭　酒　参本
一金　弐円六十銭　□□□
一金　五円　皿　五十枚
一金　八円八十銭　茶碗　六十個
一金　二十二円　魚　小塚や
一金　二十五円六十銭　酒　十二本
一金　四円三十銭　酒　□本
一金　壱円　昆蒻　二十枚
一金　参円十二銭　丸芋　壱斗参升
一金　弐円三十銭　炭　壱袋
一金　壱円四十銭　蓮根　壱□弐百匁
一金　六十四銭　削節　弐袋

一金　壱円壱八銭　(万)*1　三本
一金　七十四銭　砂糖　三百匁
一金　二十参銭　蜜柑　八ケ
一金　十二円　千歳ニ
一金　参円　高崎ニテ
一金　弐円九十銭　汽車賃　高崎へ
一金　□弐銭　内山紙　十枚
一金　十六円五十銭　時計　千歳ニ
一金　壱円三十銭　足袋　信一郎ニ
一金　参円□銭　軍帽　壱ケ

〆合計金百六拾壱円叅拾壱銭

*1　六角の亀の甲羅に万で、「亀甲万」醤油と思われる

17 父への手紙1（満州より軍事郵便）

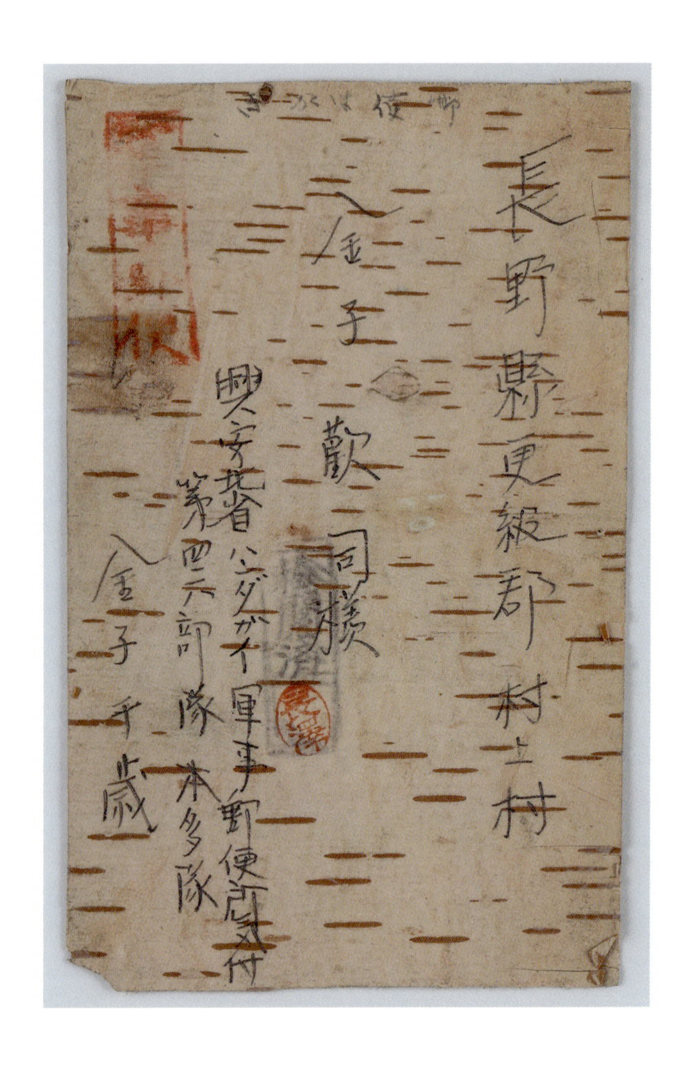
郵便はがき

長野縣更級郡村上村
金子歡司様

興安北省ハンダガイ軍事郵便所気付
第四六部隊 本多隊
金子千歳

注釈
・活字は次頁
・（父）歡司への軍事郵便　検閲済
・アドレス表記は、興安北省ハンダガイ軍事郵便所気付　第四六部隊本多隊

活字

長野縣 更級郡 村上村

金子 歡司 様

興安北省ハンダガイ軍事郵便所気付

第四六部隊本多隊

金子 千歳

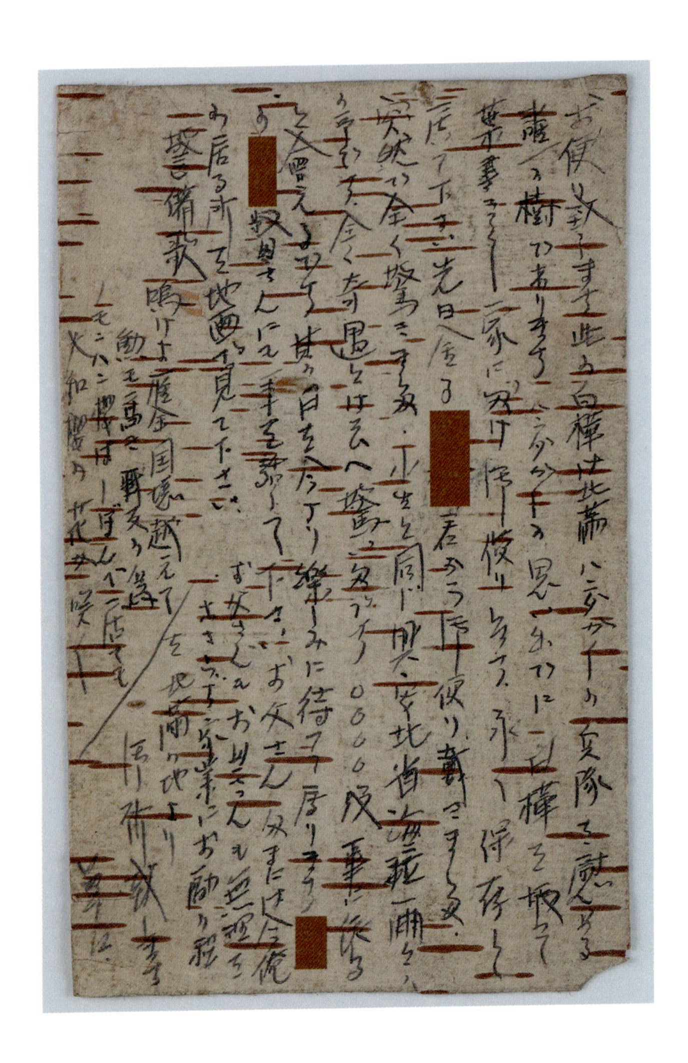

父への手紙１（文面）

注釈

・翻刻は次頁

・氏名の扱いは例言（5 頁）記載のとおり（以下同じ）

・白樺の樹で作られた葉書であることが書かれている

・「○○○○役事」と伏字（○印）にしている

・ハンダガイは、ノモンハン事件で知られるノモンハンの南。53 頁地図

参照

・「警備歌」「ノモンハン桜」は、52 頁参照

・時期は、「警備歌…ノモンハン桜」とあるので、昭和 16 年 5 月下旬

翻刻

お便り致します此の白樺は北満ハンダガイの兵隊を慰める
唯一の樹でありますハンダガイの思い出に白樺を取って
葉書にし家にだけ御便りします永く保存して
居いて下さい　先日金子■■君からお便り戴きました
突然で全く驚きました　小生と同じ興安北省海拉爾と
の事です全く奇遇とは云へ驚いたです　○○○○役事に依る
と会えるです　其の日を今より楽しみに待って居ります　■
の■■叔母さんにも事を話して下さい　お父さんたまには今俺
の居る所を地図で見て下さい　お父さんもお母さんも無理を
なさらず家業にお励の程を北満の地より御祈致します

草々

警備歌

鳴けよ雁金国境越えて
勲も高き戦友の為
ノモンハン桜はしぼんで居ても
大和桜の花が咲く

・警備歌

歌名は「ハルハの護り」でした。歌詞は次のとおりです。葉書に書かれていたのは第五番でした。

ハルハの護り

一、続く砂丘に夕日は落ちて　残る茜の空の色
白樺林は地平に浮いて　星もまたゝくフロン山

二、松の夜ふけに月影さえて　吠ゆる狼せまるとも
国の護りの此の山原に　何んの一人が淋しかろ

三、枯れて美わし黄金の野辺に　あゝ今流るゝハルハ河
敵に一歩も譲ってなろか　散った勇士の眠る土地

四、洞窟生活二歳三歳　続けようとて何のその
国の護りのこの山原に　護る上信健男児

五、啼けよ雁国境越えて　勲も高き友の為
ノモンハン桜はしぼんでいても　大和桜の花が咲く

（『歩兵第十五聯隊史』より）

・ノモンハン桜

桜によく似た花が咲く野草。内地の桜を思い名づけられた。

5月下旬から雪解けと共に、一斉に花が咲く。

日中戦争　1931（昭和6）年、満州（現中国東北部）に配備された日本軍が起こした満州事変をきっかけに中国大陸への侵攻が本格化。日本側は満州を占領し、かいらい国家「満州国」を樹立した。37年7月7日、北京郊外で銃撃を受けたとして中国軍を攻撃した盧溝橋事件を発端に「日中戦争」が始まった。41年12月8日、米ハワイ・真珠湾を奇襲攻撃し、米英などとの太平洋戦争にも突入。45年8月、無条件降伏を求めるポツダム宣言の受諾を決め、同15日に昭和天皇がラジオで国民に伝え、戦争は終結した。（信濃毎日新聞、令和6年1月9日付1面より）

ノモンハン事件　日中戦争中の1939（昭和14）年5～9月、満州とモンゴルの国境を巡り、日本軍の関東軍とソ連・モンゴル軍が大規模な武力衝突をした。ソ連軍の戦車などによる総攻撃で関東軍は大打撃を受けた。8月にドイツとソ連が独ソ不可侵条約を結んで国際情勢が変化したこともあり、9月に停戦した。事件を機に日本軍の対ソ強硬論は弱まり、南進論が優勢となって、太平洋戦争に向かうきっかけになったともされる。（信濃毎日新聞、令和6年2月9日付24面より）

18　妹への手紙１（満州より軍事郵便）

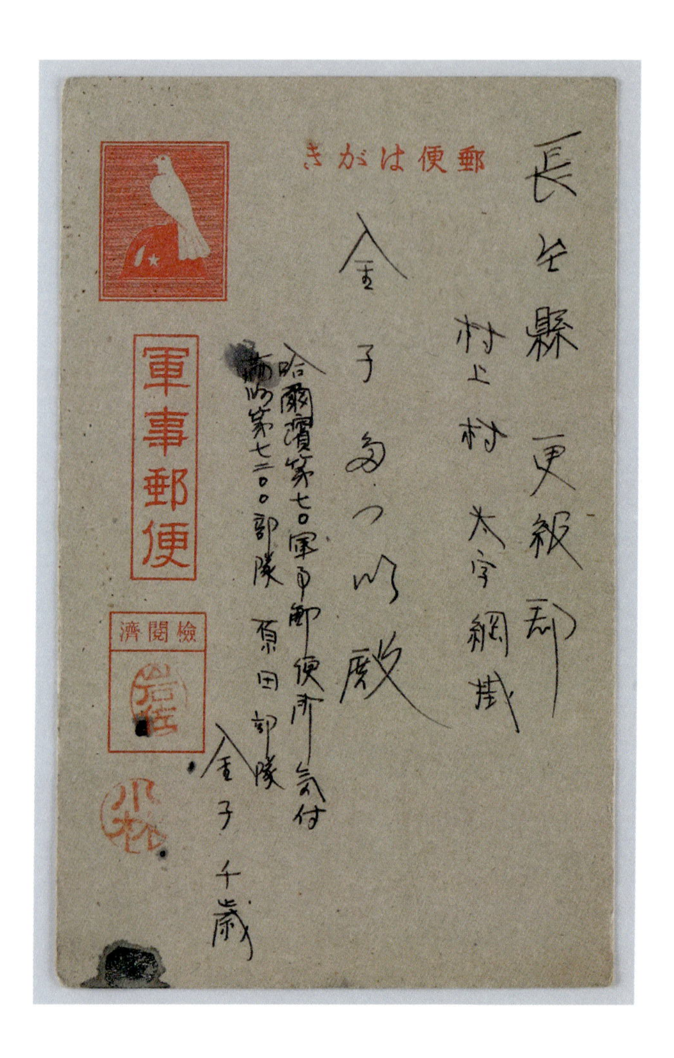

注釈

・活字は次頁

・金子千歳より（妹）たついへの軍事郵便　検閲済

・アドレス表記は、哈爾濱第七〇軍事郵便所気付　満州第七二〇〇部隊原田部隊

活字

長野縣　更科郡

村上村大字網掛

金子 たつい 殿

哈爾濱第七〇軍事郵便所気付

満州第七二〇〇部隊原田部隊

金子 千歳

妹への手紙1（文面）

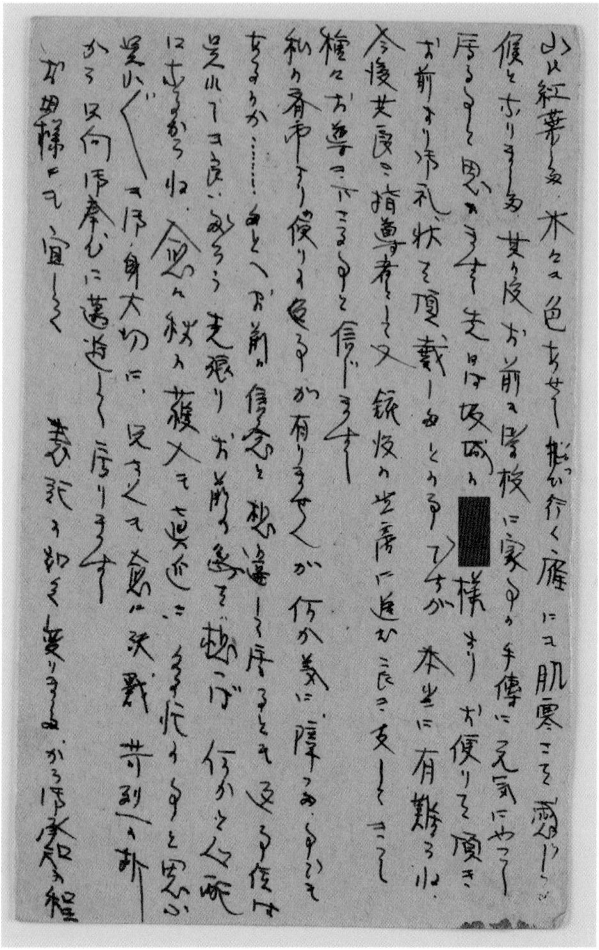

注釈

・翻刻は次頁

・時期は、書き出しに「山の紅葉した木々も色あせて…肌寒さ」、末尾に「表記の如く変わりましたから御承知の程」とあるので、昭和16年11月

山の紅葉した木々も色あせて飛び行く雁にも肌寒さを感じる
候となりました　其の後お前も学校に家事の手伝に元気にやって
居る事と思います先日は坂城の■■様よりお便りを頂き
お前より御礼状を頂戴したとの事ですが本当に有難うね
今後共良き指導者として又銃後の生産に進む良き友してきっと
種々お導き下さる事と信じます
私の斉市よりの便りに返事が有りませんが何か気に障った事でも
あるのか……たとへお前の信念と相違して居るとも返事位は
呉れても良いだろう　矢張りお前の為を想へば何かと心配
になるからね　愈々秋の穫入も真近に多忙の事と思ふ
呉れぐれも御身大切に　兄さんも愈々決戦苛烈の折
から只向御奉公に邁進して居ります
お母様にも宜しく　　　表記の如く変りましたから御承知の程

19 妹への手紙2（満州より軍事郵便）

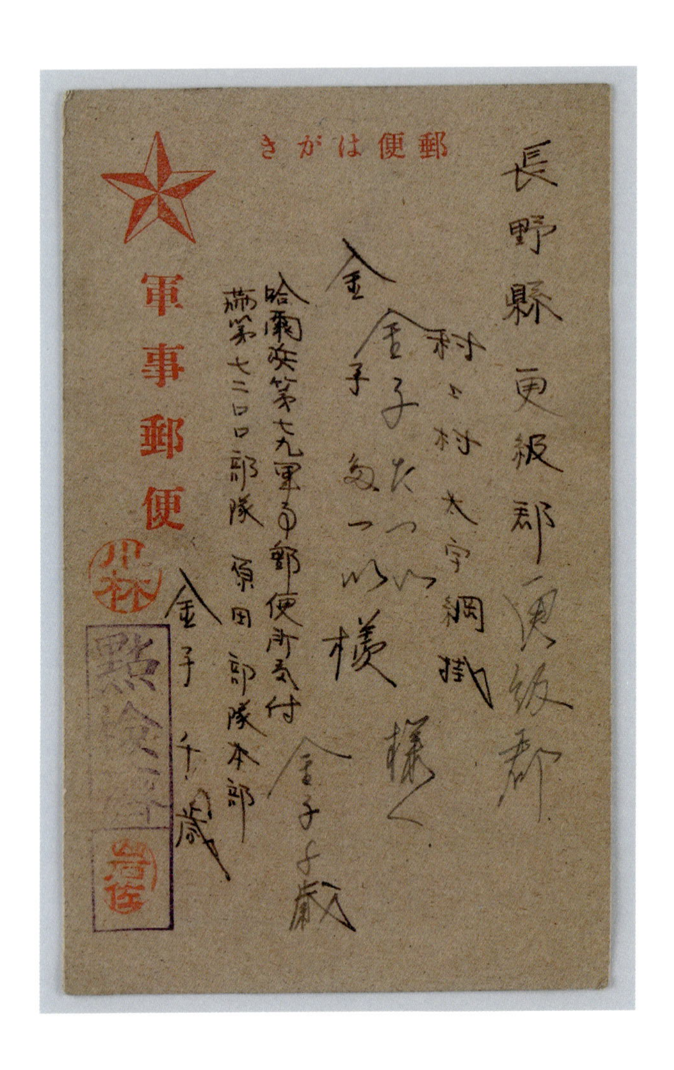

注釈

・活字は次頁

・（妹）たついへの軍事郵便　点検済

・アドレス表記は、哈爾濱第七九軍事郵便所気付　満州第七二〇〇部隊原田部隊本部

・第七〇軍事郵便所から第七九軍事郵便所に変更となっている

活字

長野縣　更科郡
村上村大字網掛
金子たつい様
哈爾濱第七九軍事郵便所気付
満州第七二〇〇部隊原田部隊本部
金子千歳

妹への手紙2（文面）

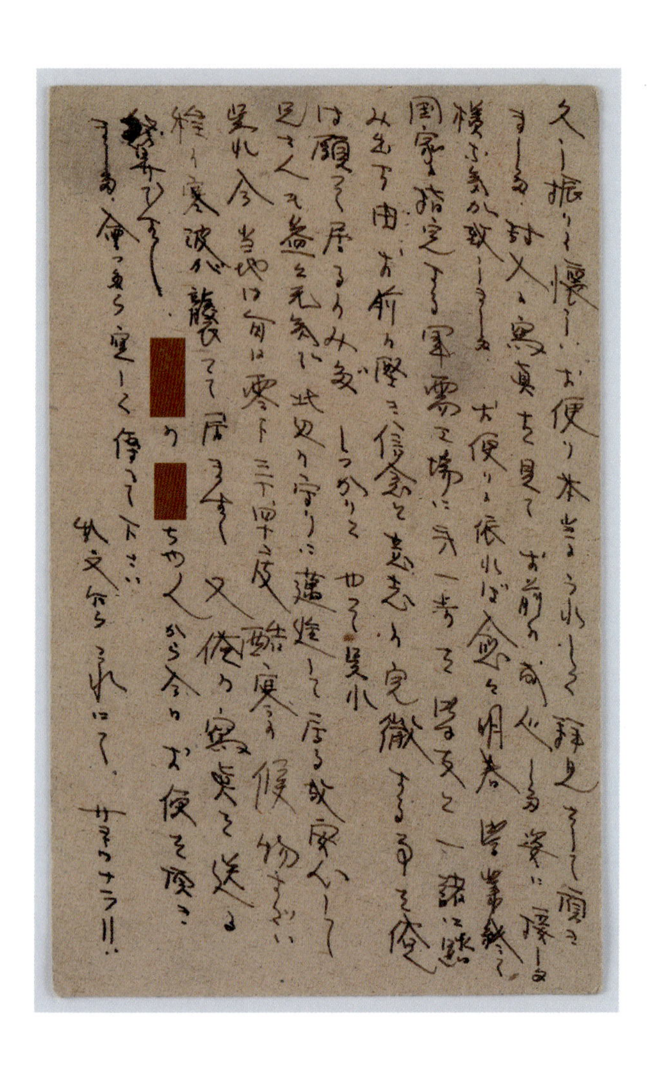

注釈

・翻刻は次頁

・時期は、「久し振りの…明春学業終了」とあるので、昭和18年11月

・「軍需工場に第一歩を」とある軍需工場については、後述します（85頁参照）

久し振りの懐しいお便り本当にうれしく拝見さして頂き
ました　封入の写真を見てお前の成人した姿に接した
様な気が致しました　お便りに依れば愈々明春学業終了
国家の指定する軍需工場に第一歩を学友と一緒に踏
み出す由　お前の堅き信念と意志の完徹する事を俺
は願って居るのみだ　しっかりとやって呉れ
兄さんも益々元気に北辺の守りに邁進して居る故安心して
呉れ今当地は毎日零下三十、四十度酷寒の候物すごい
程の寒波が襲って居ます　又　俺の写真を送る
心算です　　■■の■■ちゃんから今日お便を頂き
ました　会ったら宜しく伝えて下さい

乱文乍らこれにて　サヨウナラ!!

20 妹、弟への手紙（満州より軍事郵便）

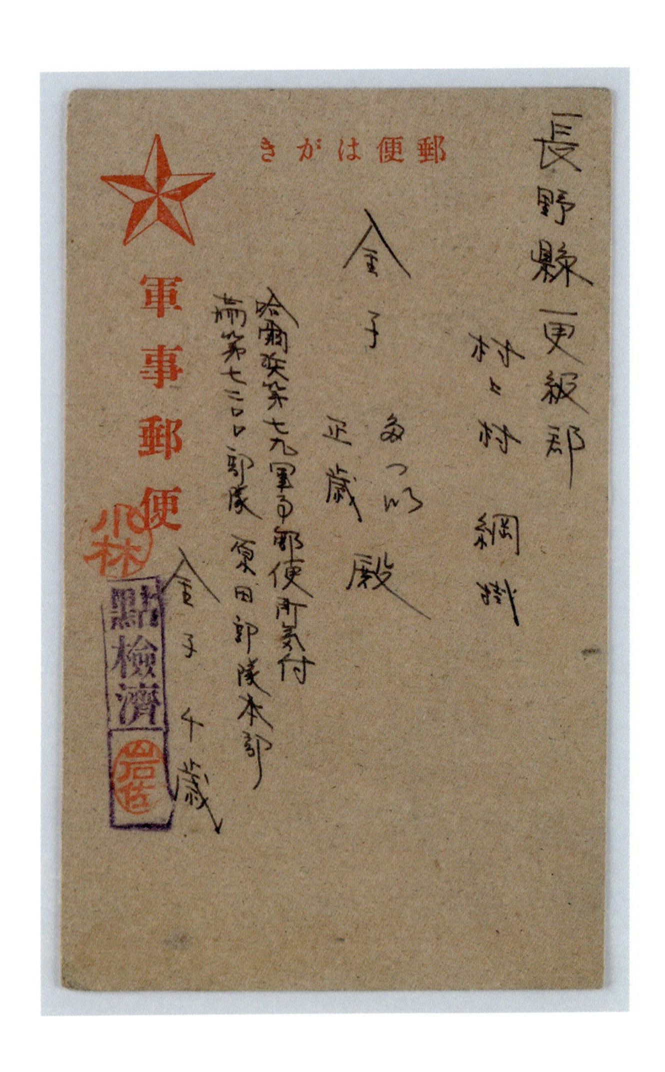

郵便はがき

長野縣更級郡
村上村 網掛
金子
多つゐ
正歳 殿

哈爾浜第七九軍事郵便所気付
満第七二〇〇部隊 原田部隊本部
金子千歳

軍事郵便

點檢濟

注釈

・活字は次頁

・（妹）たつい、（弟）正歳への軍事郵便　点検済

活字

長野縣　更科郡

村上村　網掛

金子　たつい　殿

正　歳

哈爾濱第七九軍事郵便所気付

満州第七二〇〇部隊原田部隊本部

金子　千歳

妹、弟への手紙（文面）

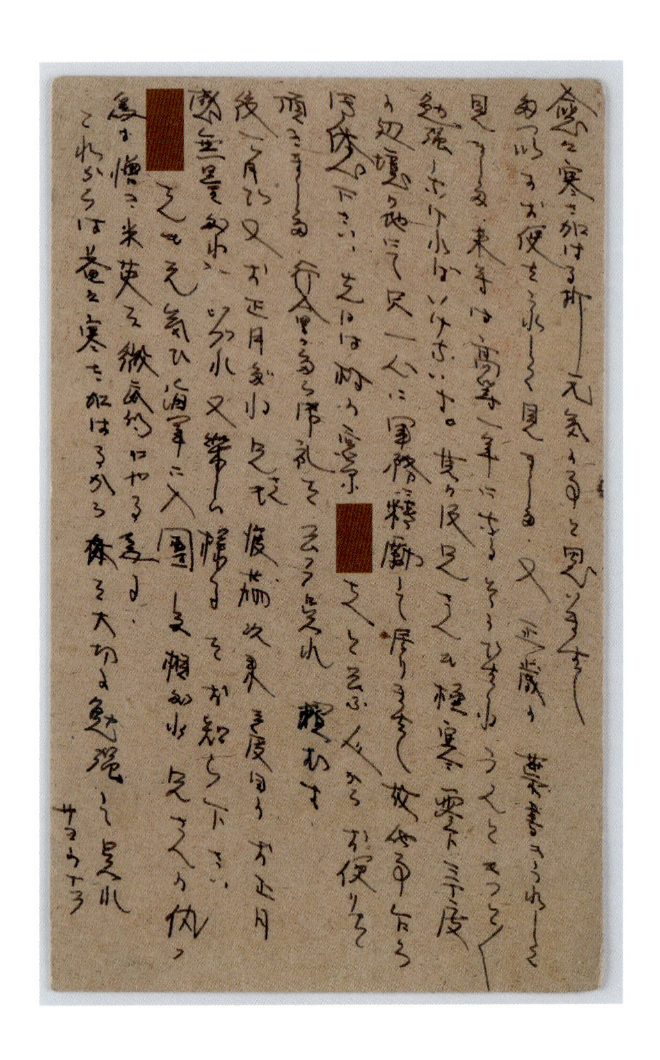

注釈
- 翻刻は次頁
- 時期は、「（正歳が）来年は高等一年に…後一ケ月で又お正月…渡満以来三度目のお正月」とあるので、昭和 18 年 12 月初旬
- 「兄さんも極寒零下三十度の辺境の地にて只一心に軍務に精励して居ります」とあり、初冬の厳しい寒さを伝えている

愈々寒さ加はる折元気の事と思います
たついのお便をうれしく見ました　又　正歳の　葉書もうれしく
見ました　来年は高等一年になるそうですね　うんともっともっと
勉強しなければいけないよ。其の後兄さんも極寒零下三十度
の辺境の地にて只一心に軍務に精励して居ります故他事乍ら
御休心下さい　先日は村の宮原■■さんと云ふ人からお便りを
頂きました　行会ったら御礼を云って呉れ　頼むよ
後一ヶ月で又お正月だね　兄さんも渡満以来三度目のお正月
感無量だね　いづれ又楽しい様子をお知らせ下さい
■■さんも元気に海軍に入団した相だね　兄さんの仇ノ
為に憎き米英を徹底的にやる為に
これからは益々寒さ加はるから体を大切に勉強して呉れ
サヨウナラ

21 妹への手紙3（満州より軍事郵便）

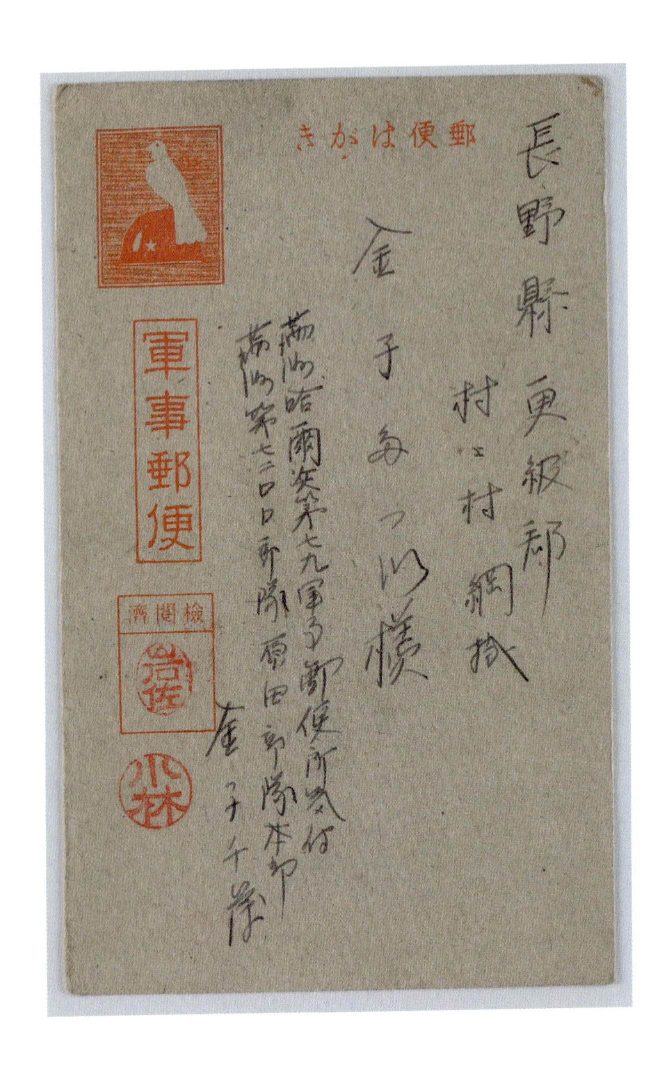

注釈

・活字は次頁

・（妹）たついへの軍事郵便　検閲済

・アドレス表記に「満州」をつけている

活字

長野縣　更科郡
村上村　網掛
金子たつい様

満州哈爾濱第七九軍事郵便所気付
満州第七二〇〇部隊原田部隊本部
金子千歳

妹への手紙3（文面）

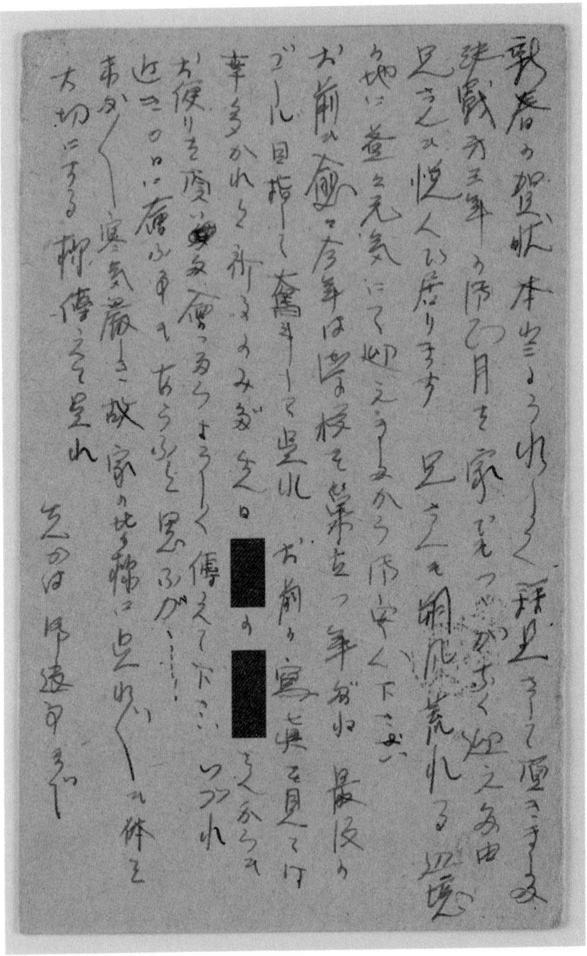

注釈

・翻刻は次頁

・時期は、「決戦方三年の御正月を」とあるので、昭和19年1月

・「お前も愈々今年は學校を巣立つ年だね　最後のゴール目指して奮斗して呉れ」と、高等女学校卒業を控えた妹を励ましている

・「朔風（さくふう）」とは、北風のこと

翻刻

新春の賀状　本当にうれしく拝見さして頂きました
決戦方三年の御正月を家でもつ丶がなく迎えた由
兄さんも悦んで居ります　兄さんも朔風荒れる辺境
の地に益々元気にて迎えましたから御安心下さい
お前も愈々今年は學校を巣立つ年だね　最後の
ゴール目指して奮斗して呉れ　お前の写真を見ては
幸多かれと祈るのみだ　先日■■の■■さんからも
お便りを頂いた　会ったらよろしく伝えて下さい　いづれ
近き○日に会ふ事もあらふと思うが……
まだまだ寒気厳しき故　家の皆様に呉れぐれも体を
大切にする様伝えて呉れ

先づは御返事まで

22 父への手紙2（満州より軍事郵便）

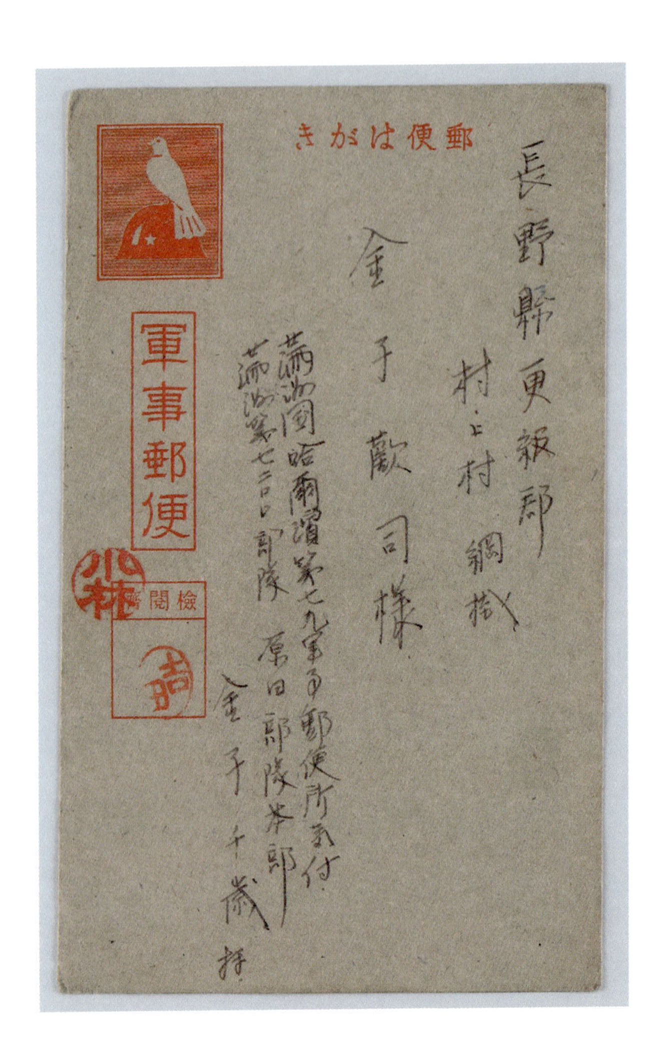
郵便はがき
軍事郵便
検閲済
長野縣更級郡
村上村網掛
金子歡司様
満洲国哈爾濱第七九軍事郵便所気付
満洲第七二〇〇部隊 原田部隊本部
金子千歳 拝

注釈
- 活字は次頁
- （父）歡司への軍事郵便　検閲済
- アドレス表記は、満州国哈爾濱第七九軍事郵便所気付　満州第七二〇〇部隊原田部隊本部
- 満州に「国」をつけて、満州国哈爾濱としている

活字

長野縣　更科郡
村上村　網掛
金子 歡司 様
満州国哈爾濱第七九軍事郵便所気付
満州第七二〇〇部隊原田部隊本部
金子 千歳　拝

父への手紙2（文面）

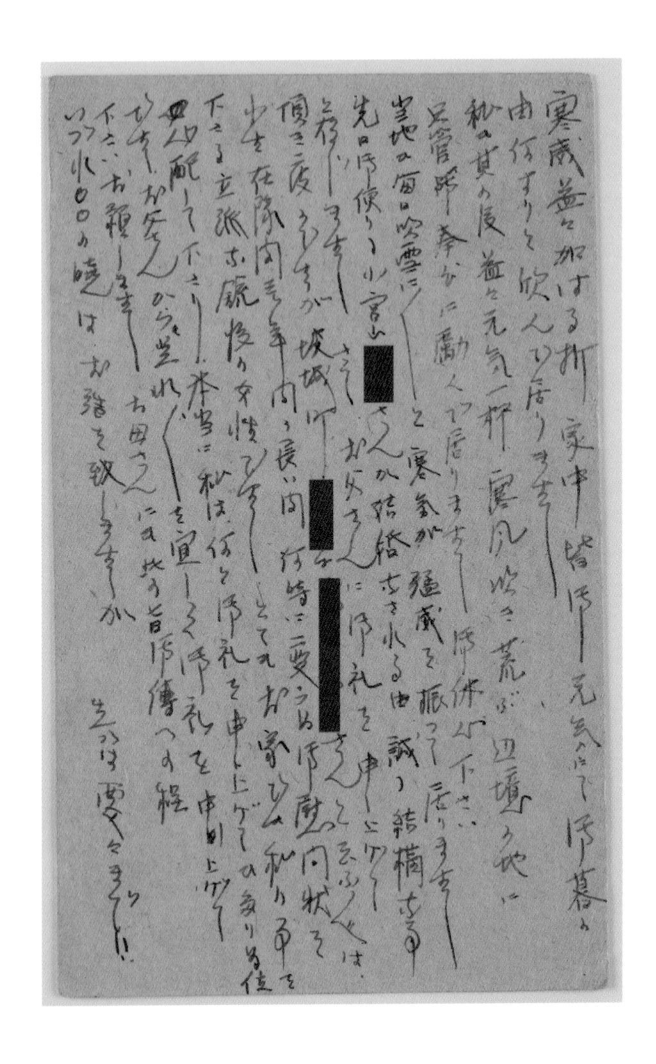

寒威益々加はる折 家中皆御一同元気にて御暮しの
由何よりと欣んで居ります
私も其の後益々元気一杯 寒風吹き荒ぶ辺境の地に
只管御奉公に励んで居ります 御休心下さい
当地は毎日吹雪にて寒気が猛威を振って居ります
先日の御便りで小宮山■■さんが結婚される由 誠に結構な事
と存じます お父さん[illegible]に御礼を申し上げて
頂き度いと思ひます 坂城町■■さんと云ふ人は
小生在隊間三年間の長い間 何時も[illegible]御慰問状を
下さる立派な銃後の女性です とても[illegible]私の事を
心配して下さり 本当に私は何と御礼を申し上げて[illegible]位
です お父さんからも呉れぐれも宜しく御礼を申し上げて
下さい お願いします 吉田さんにも此の旨御傳への程
いづれ〇〇の暁は お礼を致しますが
先づは要々まで!!

注釈

・翻刻は次頁

・時期は、「小生在隊間三年間」とあるので、昭和 19 年 2 月

・「坂城町…■■さんと云ふ人は小生在隊間三年間の長い間…御慰問状を下さる立派な銃後の女性です」「お父さんからも呉れぐれも宜しく御礼を申し上げて下さいお願いします」と、地元から慰問状を送り続けてくれる女性への御礼を父に依頼している

・左から 1 行目「いづれ○○の暁は」と伏字（◯印）にしている

寒威益々加はる折　家中皆御元気にて御暮の
由　何よりと欣んで居ります
私も其の後益々元気一杯　寒風吹き荒ぶ辺境の地に
只管御奉公に励んで居ります御休心下さい
当地は毎日吹雪に吹雪にと寒気が猛威を振って居ります
先日お便りに小宮山■■さんが結婚なされる由　誠に結構な事
と存じます　さて　お父さんに御礼を申し上げて
頂き度のですが　坂城町■■の■■■■さんと云ふ人は
小生在隊間三年間の長い間　何時に変らぬ御慰問状を
下さる立派な銃後の女性ですしとてもお家でも私の事を
心配して下さり本当に私は何と御礼を申し上げてひたりいる位
です　お父さんからも呉れぐれも宜しく御礼を申し上げて
下さいお願いします　お母さんにもこの旨御傳への程
いづれ〇〇の暁はお話し致しますが
先づは要々まで!!

23

お父さんお母さんへの手紙

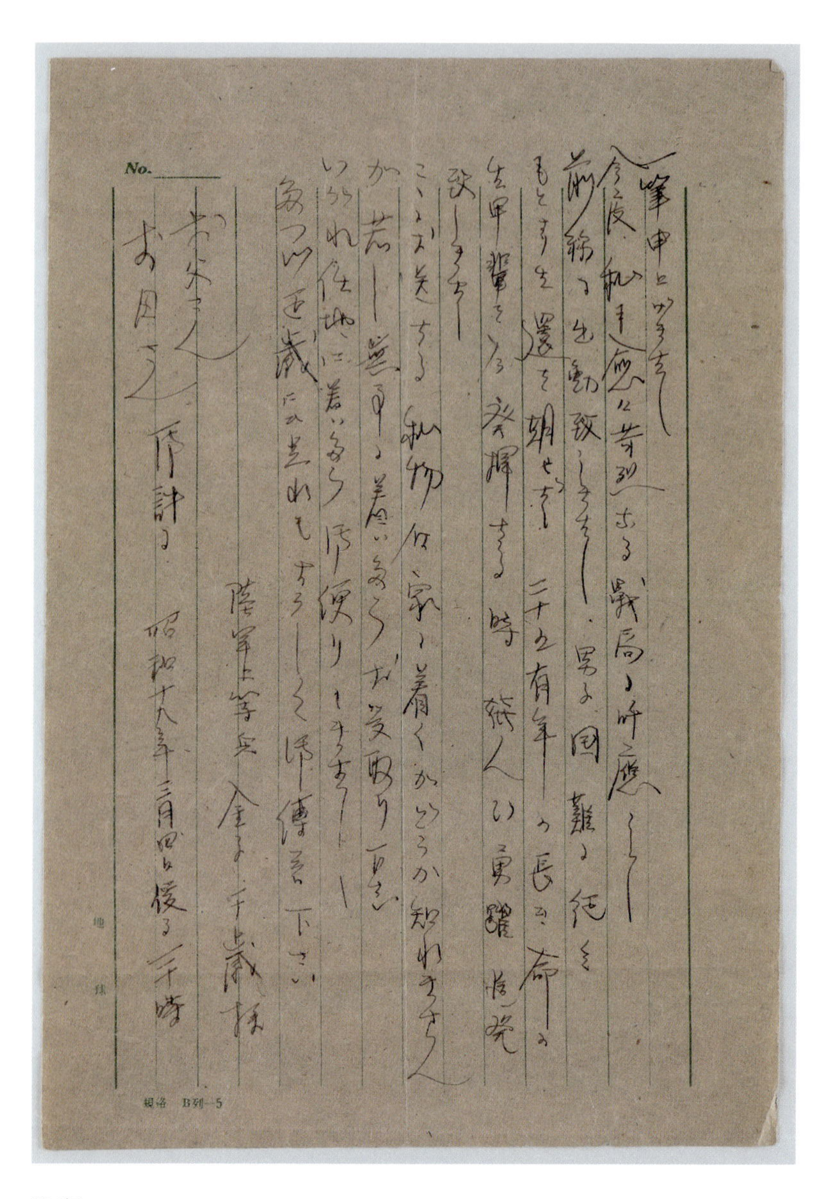

No.

謹申上げます
今度私も遂に念願の苛烈なる戦局の呼応として
前線に出動致します 男子国難に征き
もとより生還を期せず 二十五有年の長き命の
生甲斐を今発揮する時 旅人以勇躍出発
致します
ここに送ります私物は家に着くかどうか知れません
が若し無事に着いたらお受取り下さい
いづれ任地に着いたら便りをします
多分正式には出れもあるらしく御伝え下さい

お父さん
お母さん
御許に

陸軍上等兵 [illegible]

昭和十九年三月四日 [illegible]

規格 B列—5

注釈

・翻刻は次頁

・この手紙は、親（お父さんお母さん）への遺書です

・南方転進（昭和19年3月5日編成完結）の直前に書いている

翻刻

一筆申上げます
今度　私も愈々苛烈なる戦局に呼応して
前線に出動致します　男子国難に従って
もとより生還を期せず　二十五有年の長き命の
生甲斐を今発揮する時　嬉んで勇躍出発
致します
ここにお送する私物は家に着くかどうか知れません
が　若し無事に着いたらお受取下さい
いづれ任地に着いたらお便りします
たつい正歳にも呉れもよろしく御伝言下さい
陸軍上等兵　金子千歳　拝
お父さん
お母さん
御許に
昭和十九年三月四日　夜る二十時

24　兄への手紙（満州への軍事郵便）

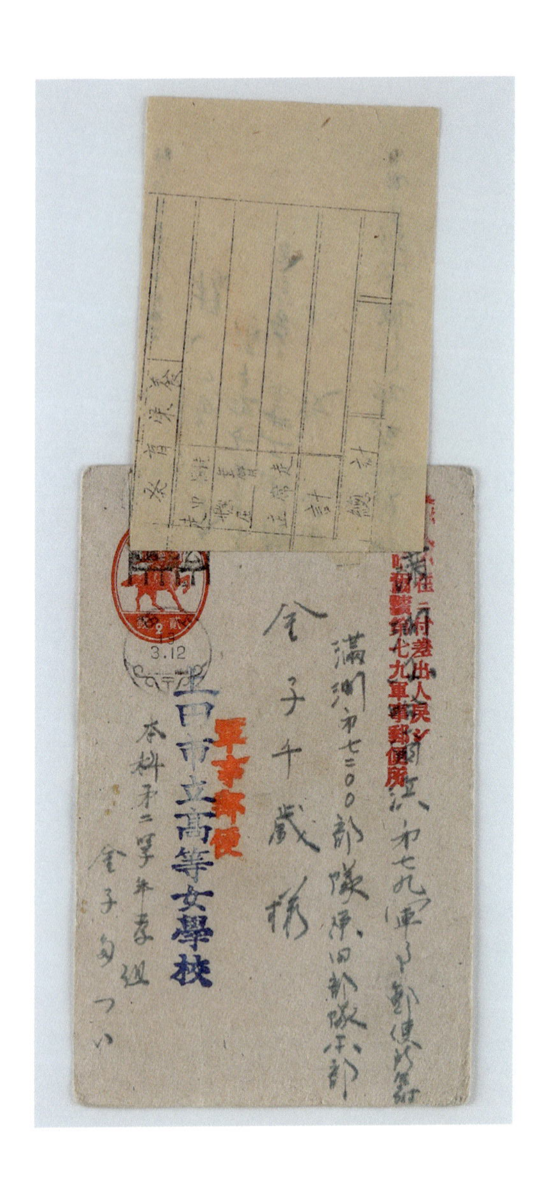

注釈１

・活字は次頁

・表に付箋（上の部分）が貼られた葉書（軍事郵便）

・（妹）たついが、「満州第七二〇〇部隊原田部隊本部　金子千歳様」として発送した葉書。消印は、昭和 19 年３月 12 日付

・「不在ニ付差出人戻シ　哈爾濱第七九軍事郵便所」と赤いスタンプが押されている

活字

不在ニ付差出人戻シ
哈爾濱第七九軍事郵便所

このスタンプが押されている

満州国哈爾濱　第七九軍事郵便所気付
満州第七二〇〇部隊原田部隊本部

金子千歳様

上田市立高等女學校
本科第二學年孝組
金子たつい

兄への手紙（付箋）

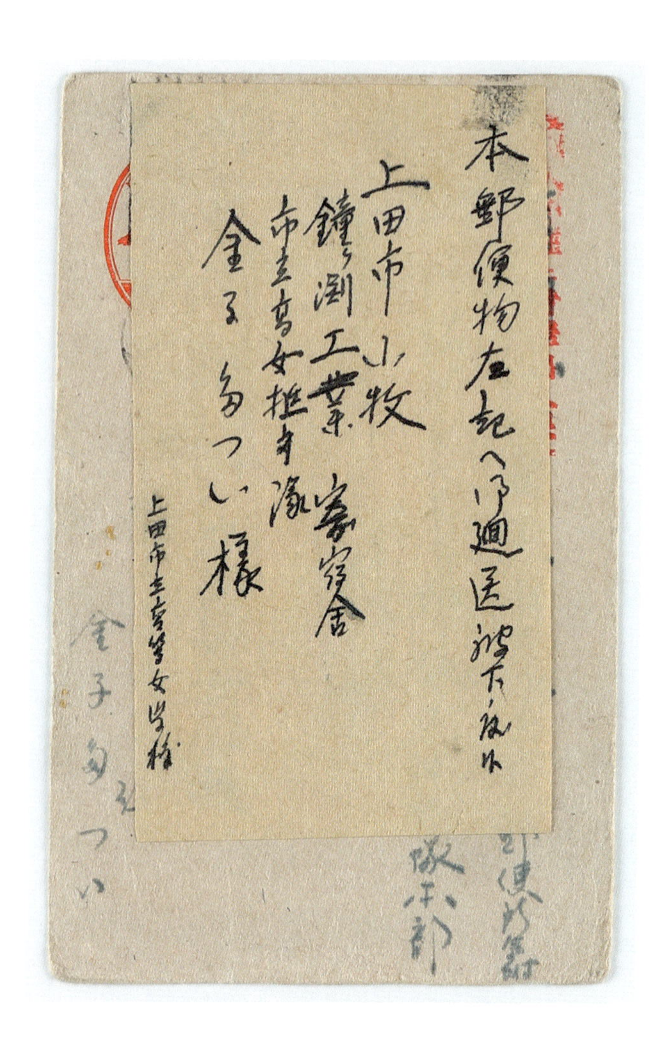
本郵便物左記へ御廻送被下度候

上田市小牧
鐘ヶ渕工業 寄宿舎
市立高女挺身隊
金子 たつい 様

上田市立高等女学校

注釈２
・活字は次頁
・（妹）たついから千歳への葉書の付箋部分
・回送の経過は82頁の注釈３参照
・上田市立高等女学校については83頁の注釈４、鐘ケ渕（淵）工業については84頁の注釈５参照

活字

本郵便物左記へ御廻送被下度候

上田市小牧
鐘ヶ渕工業　寄宿舎
市立高女挺身隊
金子　たつい　様

上田市立高等女學校

兄への手紙（文面）

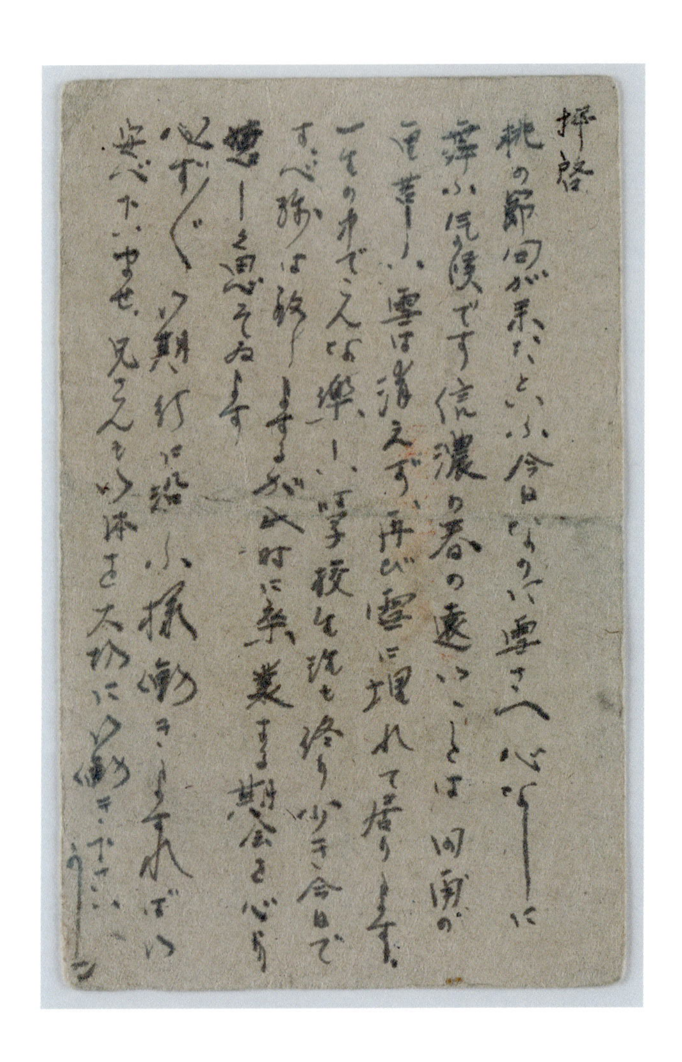

拝啓
桃の節句が来たといふ今日なのに雪さへ心なしに
舞ふ気候です　信濃の春の遠いことは何時の
年[illegible]、雪は消えず、再び雪に埋れて居ります。
[illegible]の中でこんな楽しい、学校を[illegible]終り少ない今日で
すべ[illegible]は致しますが此時に卒業する期会を心より
惜しく思ってゐます
必ずご期待に添ふ様[illegible]勉めますれば
安心下さいませ。兄さんもお体を大切にお勤め下さい
[illegible]

注釈
・翻刻は次頁
・（妹）たついから千歳への葉書（76 頁）の文面です
・千歳は、この妹からの手紙を読むことはなかった

拝啓
桃の節句が来たといふ今日なのに雪さへ心なしに
舞ふ気候です信濃の春の遠いことは　田甫の
重苦しい雪は消えず　再び雪に埋れて居ります
一生の中でこんな楽しい学校生活も終り少き今日で
す。心残は致しますが此時に卒業する期会を心より
嬉しく思っています
必ず必ず御期待に沿ふ様働きますれば御
安心下さいませ　兄さんも御体を大切にお働き下さい
かしこ

注釈3（葉書回送の経過）

今までの手紙は全て、千歳から村上村の父、妹、弟への軍事郵便でした。この手紙は、唯一（妹）たついが千歳に宛てた手紙です、なぜ、その手紙が当家に残っていたのかは、次のとおりです。

この手紙は、昭和19年3月の千歳の前線への出動と、（妹）たついの高等女学校卒業、鐘ケ淵工業（軍需工場）寄宿舎への寄宿が重なり、数回の回送がされた。

経過

期日（昭和19年）	当事者	変遷内容
3月10日	千歳	満州斉斉哈爾より南方戦線へ出動
3月12日（消印）	（妹）たつい	千歳あてに満州へ手紙出す。差出人住所は「上田市立高等女学校本科第二学年孝組」
3月下旬	哈爾濱第七九軍事郵便所	「不在ニ付差出人戻シ」として上田市立高等女学校へ差し戻す
〃	（妹）たつい	上田市立高等女学校本科を卒業
4月上旬	上田市立高等女学校	満州哈爾濱より手紙が戻るが、たついが卒業済みのため挺身隊として勤労奉仕をしている鐘ケ淵工業への回送を依頼する
〃	（妹）たつい	鐘ケ淵工業寄宿舎で自分の出した手紙を受け取る

流れ

上田市立高等女学校本科第二学年孝組→哈爾濱第七九軍事郵便所→上田市立高等女学校→鐘ケ淵工業寄宿舎

追記

・この手紙は、数少ない内地から戦地への軍事郵便である。
・残っている多くの軍事郵便は、戦地から内地に向けて書かれたもの。
・内地から戦地へ向けて書かれた手紙は、戦況が厳しくなり殆ど処分されてしまった。
・この手紙は、前記のような経過で残った「内地より戦地の軍人へ向けて書いた手紙」である。
・国内から戦地への軍事郵便なので、２銭の「郵便はがき」であり消印がされている。

注釈４（上田市立高等女学校）

・上田市立高等女学校（現：長野県上田千曲高等学校）
　昭和18年、上田実科高等女学校が上田市立高等女学校と改称、本科と専攻科を置く。本科は、修業年限二箇年で、一学年三学級（一孝、一友、一信）、二学年三学級（二孝、二友、二信）であった。

注釈5（鐘ケ淵工業）

・（妹）たついの手紙の回送先である「鐘ケ淵工業」について説明します。

「上田市小牧」、「鐘ケ淵工業」、「寄宿舎」の3点のキーワードを満たす唯一の事業所は次のとおりでした。

（『上田市史　下巻』発行所　信濃毎日新聞社、1016から1019頁）

上田市大字小牧字鴨池番外二二五番地　南千曲河畔北信越線間の地東西一粁南北三百米約十万坪

鐘ケ淵紡績株式会社上田工場　　寄宿舎：木造二階建で延坪敷二、五二〇・二〇坪、収容し得べき人員は

約一、〇〇〇名

・法務局の当該地番の登記簿謄本では、

所在　~~上田市大字小牧字鴨池~~

長野県上田市天神三丁目　　昭和四六年八月壱日変更

とあり、変更理由を調べたところ、「住居表示に関する法律」により、上田市中央地区で新住居表示が実施されたことによるものとわかりました。

わかりやすく整理しますと、（妹）たついが昭和19年春に寄宿していた「鐘ケ淵工業」とは、現在の上田市天神三丁目のところで約10万坪の敷地にあった「鐘ケ淵紡績株式会社上田工場」のことです。なお、鐘ケ淵紡績株式会社は昭和19年2月1日合併により鐘淵工業株式会社となりました（以下、鐘淵工業）。

・当家に（父）歓司より（妹）たついへの手紙（消印昭和19年6月10日）が残っています（90頁参照）。
（90頁参照）

宛名は「上田市小牧　鐘淵工業会社　第二寮十班　金子たつい　どの」となっており、（妹）たついが上田市小牧の鐘淵工業株式会社上田工場の寄宿舎に寄宿していたことがわかります。

・鐘淵工業上田工場は当時軍需工場でした。戦時下（昭和10年代後半）の製糸工場では、生糸製造は軍需用のみに限られていました。同工場では、落下傘用絹布の製造が行われていました。

・市立高女挺身隊

当時、軍需工場での人手不足が深刻となり、昭和19年から軍需工場への女子挺身隊が本格的になりました。（妹）たついも、昭和19年3月上田市立高等女学校卒業後、軍需工場である鐘淵工業上田工場において寄宿舎に入り、市立高女挺身隊として勤労奉仕をしていたことがわかります。

・**追記**

上田市立高等女学校では、（妹）たついの一学年下の生徒たちは、昭和19年9月から20年3月まで風船爆弾（爆弾をつるした気球＝和紙製）製作のため軍需工場に動員されていました。

25　南方よりの手紙

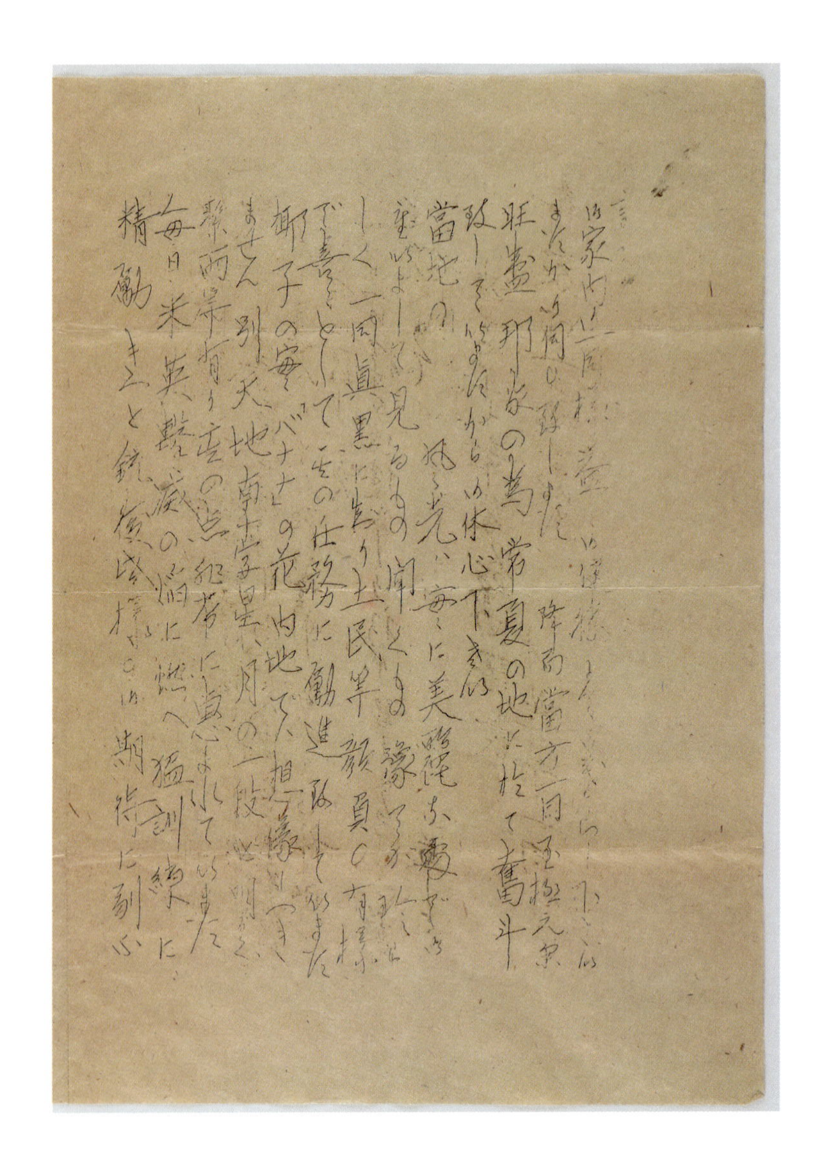

御家内一同様には益々御健勝[illegible]下さい
まだか御伺ひ致しました　降而当方一同至極元気
壮[illegible]邦家の為　常夏の地に於て奮斗
致して居ますから御休心下さい
当地の　[illegible]光は海々に美麗[illegible]
[illegible]して見るもの聞くもの[illegible]
しく　一同真黒になり土民[illegible]顔負の有様
です[illegible]として　[illegible]の任務に勧進致して居ます
椰子の実　バナナの花　内地で想像もつかぬ
ません　別天地　南十字星　月の一段[illegible]
[illegible]雨常有り空の[illegible]紀[illegible]に[illegible]して居ます
毎日　米英撃滅の念に燃へ　猛訓練に
精勤　[illegible]と銃後皆様の御期待に副ふ

注釈
・翻刻は次々頁
・次頁と合わせて１枚
・当家に残る唯一南方よりの手紙で、昭和 19 年６月３日に長野県村上村の家族のもとに届いています

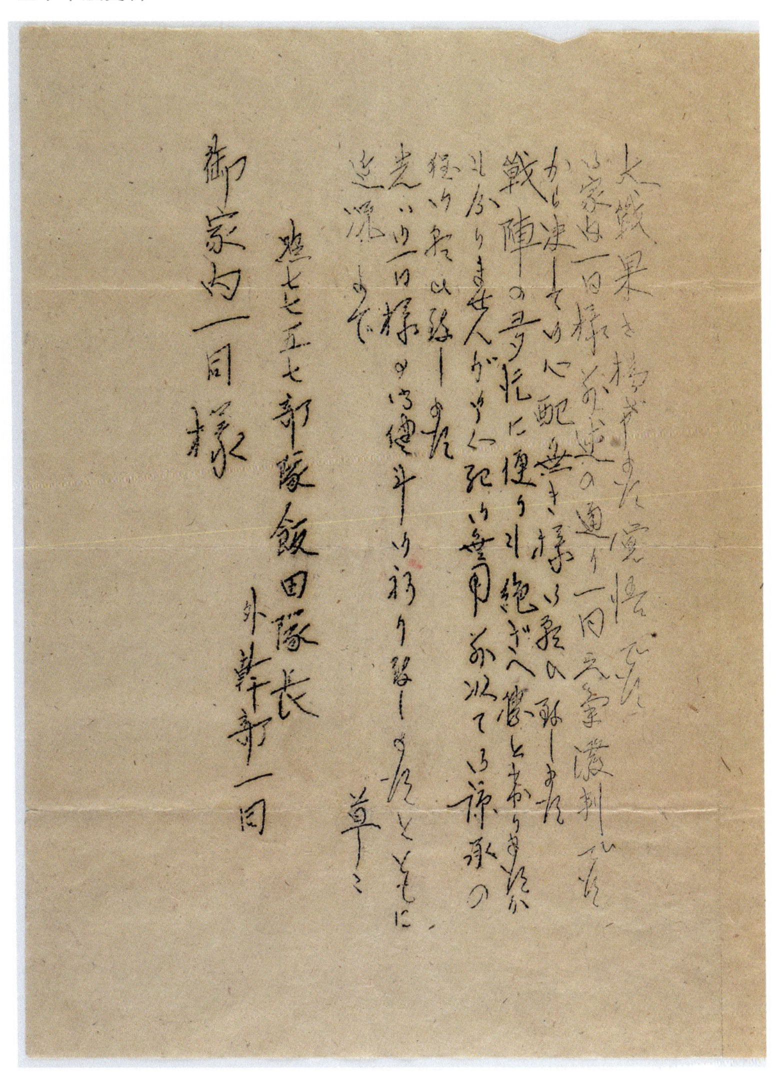

大戦果を揚げます覚悟であります
御家内一同様お変りの通り一同元気潑剌であります
から決して御心配無き様お願ひします
戦陣の事情により絶えず御便りとお送り兼ねますか
ら分りませんがよろしく御無用を以て御諒承の
程お願致します
尚ほ皆様の御健斗お祈り致しますとともに
近況まで　草々
照七七五七部隊飯田隊長
外幹部一同
御家内一同様

注釈
・差出人は、「照七七五七部隊飯田隊長　外幹部一同」
・陸軍では、部隊の名称を秘匿するため「通称号」という暗号名を用いていました。「照七七五七部隊」とは通称号です（詳細114頁参照）
・この手紙により、千歳が南方にいることを知った

謹啓

御家内御一同様益々御健勝にて御暮らし下さい
ますか御伺い致します　降而当方一同至極元気
旺盛邦家の為　常夏の地に於て奮斗
致していますから御休心下さい
当地の　　風光は実に美麗な処で御
座いまして見るもの聞くもの総てが珍ら
しく一同真黒に為り土民等顔負の有様
で喜々として其の任務に励進致しています
椰子の実「バナナ」の花内地では想像もつき
ません別天地南十字星、月の一段と明るく
聚雨等有り其の点非常に恵まれています
毎日米英撃滅の焔に燃へ猛訓練に
精励　きっと銃後皆様の御期待に副ふ

大戦果を揚げます覚悟です
御家内一同様　前述の通り一同元気溌剌です
から決して御心配無き様御願ひ致します
戦陣の多忙に便りも絶だへ勝と成りますか
も分りませんが御心配御無用前以て御諒承の
程御願ひ致します
先は御一同様の御健斗お祈り致しますとともに
近況まで
草々

照七七五七部隊飯田隊長
外幹部一同

御家内一同様

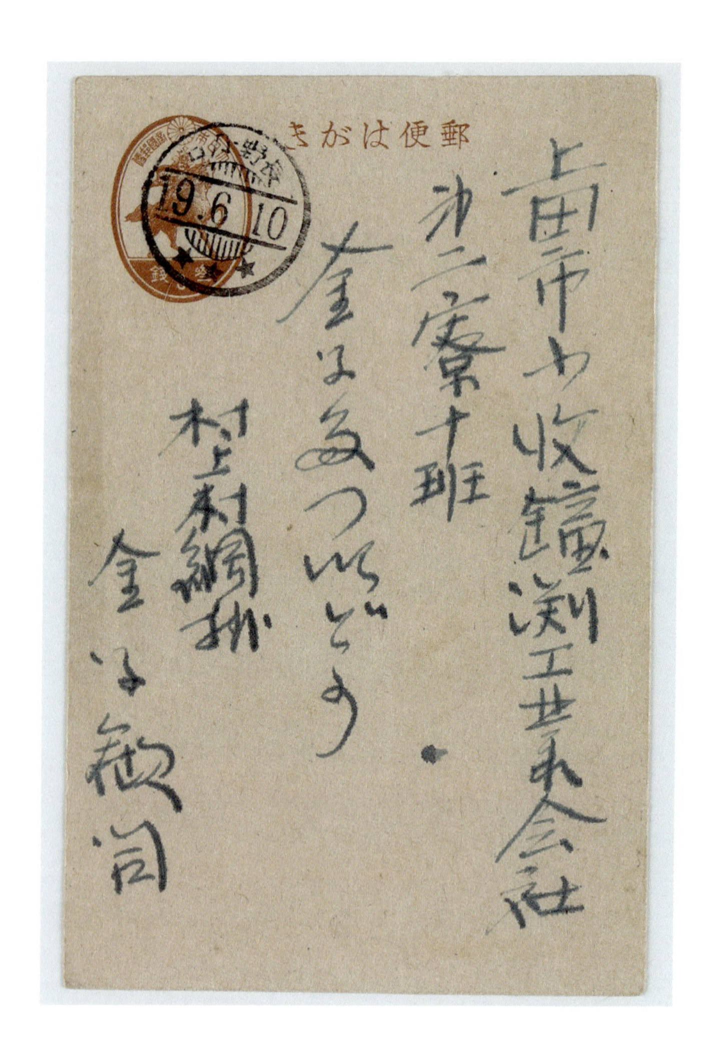

郵便はがき

上田市小牧鐘淵工業株式会社

第二寮十班

金子たついどの

村上村網掛

金子歡司

26 （父）歡司から（妹）たついへの手紙

注釈

・活字は次頁

・消印が「19．6 .10」となっており、「南方よりの手紙」（86・87 頁）が届いてから、直ぐに（父）歡司が（妹）たついへ出した手紙

・（妹）たついは、上田市小牧の鐘淵工業上田工場の寄宿舎に寄宿していた

活字

上田市小牧　鐘淵工業会社
第二寮十班

金子たついどの

村上村網掛
金子歓司

父から妹への手紙（文面）

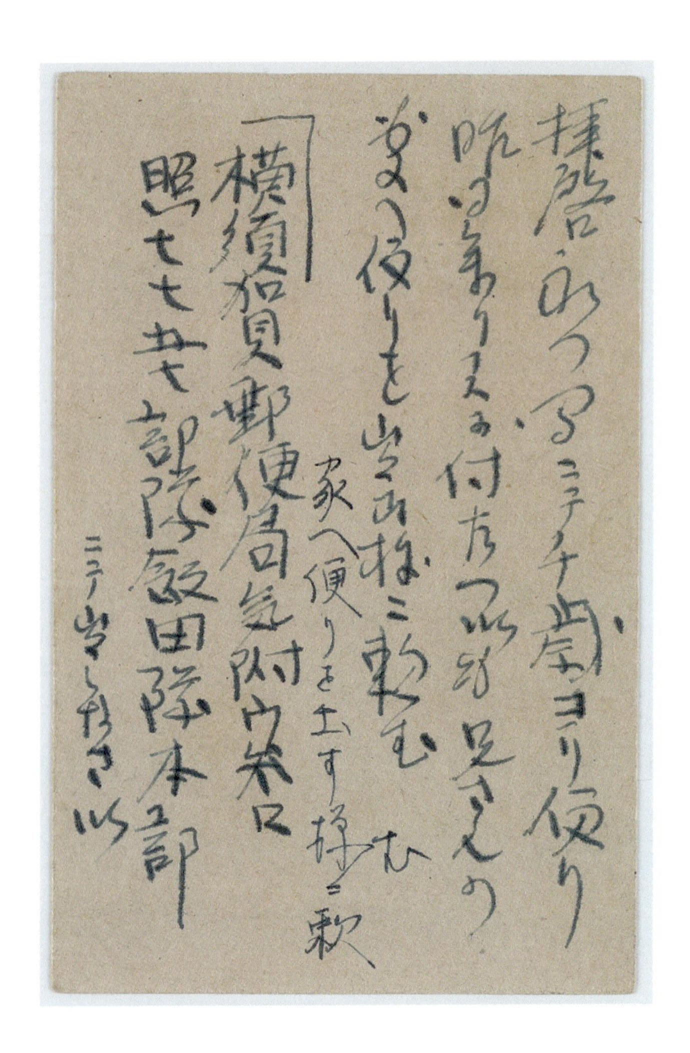
拝啓

「横須賀郵便局気附ウ参ロ

照七七五七部隊飯田隊本部

注釈

・活字は次頁

・千歳からの手紙は、昭和 19 年 3 月 4 日の手紙（遺書・74 頁）以来、長い間なかった

・（父）歡司は、「南方よりの手紙」（86・87 頁）により千歳が南方にいることがわかったので、（妹）たついに千歳へ便りを出すよう依頼している

・「横須賀郵便局気附ウ参ロ（ウ３０）」とは、軍事郵便アドレスで、「パラオ所在の陸軍部隊」です

活字

拝啓　永い間ニテ千歳より便り
昨日余り□□付　たついも兄さんの
処へ便りを出す様ニ頼む
家へ便りを出す様ニ頼む

横須賀郵便局気附ウ参ロ
照七七五七部隊飯田隊本部
ニテ出しなさい

27 故金子千歳合同葬行列帳

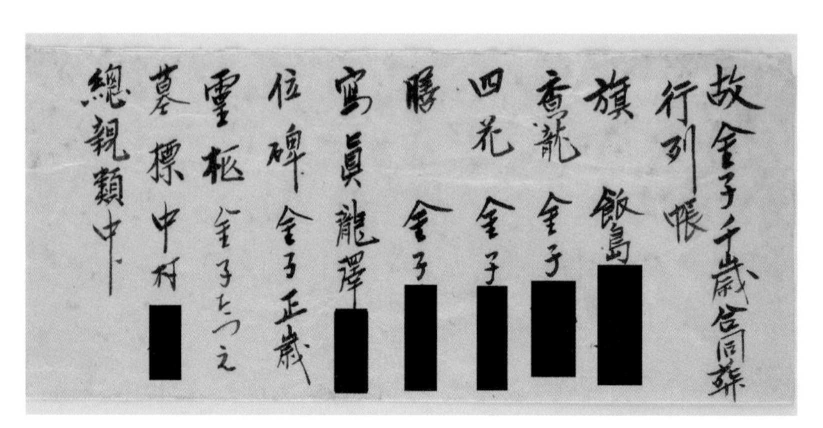
故金子千歳合同葬
行列帳
旗　飯島
香龍　金子
四花　金子
膳　金子
寫眞　龍澤
位牌　金子正歳
靈柩　金子たつえ
墓標　中村
總親類中

注釈
・故金子千歳合同葬行列帳
・位牌（弟）金子正歳
・霊柩（妹）金子たつえ（い）

28 遺影

注釈

・階級が「陸軍伍長」となっている

二　慰問状

千歳の史料のなかに慰問状が何点かでてきます。

1　千歳が書いた慰問状

千歳の雑記帳（昭和13年）のなかに慰問状下書きが二点あります。

一点目は、20頁の小宮山様への慰問状下書きです。

最初に、宛名の「上海派遣…」について説明します。上海派遣軍は陸軍部隊名で昭和12年8月15日に再編成され、昭和13年2月14日に廃止されています。よって、慰問状を書いた時期は、昭和13年の雑記帳に上海派遣の兵士への慰問状ですので、昭和13年1月か2月初旬です。

「お手紙有難御在います」とありますので、以前に小宮山様より千歳に手紙が送られたことがわかります。小宮山様が最初から千歳あてに手紙を書くことはないと思われますので、その前に千歳が手紙を書いています。千歳と小宮山様との間で、何回かの手紙のやり取りがあったことがわかります。

二点目は、22頁の郷土出身将兵慰問状の下書きです。

書いた時期は、「三月山出し祭」とありますので、昭和13年3月です。

この下書きは、一点目の特定した個人あてでなく、「全支派遣　郷土出身将兵」あてとなっています。

2　千歳が受け取った慰問状

軍事郵便のなかに書かれています。
妹への手紙4通（54、58、62、66頁参照）全てに、郷土の方（4名）からの便り（慰問状）のことが書かれており、妹へ御礼を言うことを依頼しています。
父への手紙（72頁）では、「■■さんと云ふ人は小生在隊間三年間の長い間　何時に変らぬ御慰問状を下さる立派な銃後の女性」と記し、父へ御礼を申し上げることを依頼しています。

3　慰問状についての疑問と解決

一点目は、千歳の書いた慰問状、千歳の受け取った慰問状の宛名について、どのようにして戦地の部隊名、兵士の名前がわかったのだろうか。
二点目は、千歳の慰問状下書き（22頁）の宛名「全支派遣　郷土出身将兵」について、この慰問状を、誰が、どこの部隊の兵士に届けたのだろうか。
三点目は、郵便料金のことです。軍事郵便でも内地から戦地へのものは、通常の郵便料金がかかりました。慰問状を届ける郵便料金は、どうなっていたのだろうか。

調べてみると概ねのことがわかりました。
戦争当時、慰問袋というものがあり日用品などを詰めて送っていました。この慰問袋は無料で戦地に届けられました。
慰問状を書いた場所は、自宅でなく学校と思われます。学校が生徒児童の慰問状を取りまとめて慰問袋に入れ、町村役場を通して戦地に送ったものと思われます。
千歳の慰問状下書き（20頁）にある小宮山様との手紙のやり取りは、千歳の自宅でなく、学校と上海派遣軍部隊との間で行われたものです。慰問状を調べると、そのような事例が多々ありました。

4　追記

千歳に慰問状を送っていただいた4名の方のうち、一人の方と思われる方が御健在であることがわかりました。
慰問状を書いた当時の頃のことをお聞きしたく、もちろん私はその方と面識がないので、間に入っていただける方を通して、お会いすることを試みましたが、御高齢とのことで叶いませんでした。

三　軍事郵便

1　軍事郵便の概要

軍事郵便　日清戦争（１８９４～95年）で制度化。以降の事変・戦争で取り扱われ、１９４５（昭和20）年の敗戦で廃止された。切手の博物館（東京）によると、戦地に野戦郵便局が設置され、戦地から内地（国内）・戦地から戦地は基本的に無料、内地から戦地へは国内料金で出せた。日露戦争以降は差し出し数の制限がなくなり、相当な需要があった。軍事上、内容に問題がないか検閲し、固有の部隊名や居留地も秘匿した。

（信濃毎日新聞、令和３年12月７日付17面より）

・軍事郵便は、軍事機密のため任地を伝えることができない兵士と、任地がわからない家族の、唯一の通信手段でした。
・内地から戦地への軍事郵便は、戦況が厳しくなってほとんど処分されてしまいました。（妹）たついが千歳に送った軍事郵便（76頁）は、内地から戦地へのもので、残っている数少ない軍事郵便です。
・76頁の軍事郵便は内地から戦地への軍事郵便なので、２銭の「郵便はがき」であり消印がされています。

2　軍事郵便の検閲

軍事郵便の検閲について、昭和館学芸部『昭和のくらし研究　第8号』所収、財満幸恵先生の「戦中の軍事郵便とその検閲について」の考察から、その状況について一部抜粋します。

一　軍事郵便には検閲という行為が行われており、また心配をかけたくないという心情も働き、実際の心情とは異なる事を綴ったと言われている。

一　検閲結果の処理方法として、軍事郵便では①「通信内容全部又ハ大部有害不適当ナルモノハ押収」②「内容一部分有害不適当ナルモノハ其ノ部分切除ノ上発送」という二つの処理方法が取られた。

一　切除抹消とは…検閲個所を墨などで塗りつぶしたり、または切り取ったりする行為を言う。

一　処置が行われた内容を見ると、軍機事項・銃後民心前線将校に悪影響を及ぼすもの・その他の三つに区分されている。

一　軍機事項で…処理がされた理由事項を見ていくと、部隊の移動及び人員・交代帰還・警備状況・作戦討伐状況・駐屯地・召集徴用状況…などが上げられている。

一　銃後民心前線将校に悪影響を及ぼすもので…処置の理由事項は戦争嫌忌・徴用召集嫌忌・帰還要望・軍隊生活嫌忌…などであった。

わかりやすく説明しますと、検閲とは、軍事郵便の文面に「軍機事項」又は「銃後民心前線将校に悪影響を及ぼすもの」がある場合、「検閲で、押収又は該当箇所を墨などで塗りつぶす」ということがわかりました。

千歳の軍事郵便のなかには、墨で塗りつぶされた箇所はありませんが、伏字（○印）が二箇所あります。一箇所目は、50頁の（父）歡司への手紙のなかにあります。右から6行目「○○○○役事に依ると会えるです」とあります。これは、検閲で「軍機事項」に該当することを心配し、伏字にしたものと思われます。

二箇所目は、72頁の（父）歡司への手紙のなかにあります。一番左側の行「いづれ○○の暁は…」とあります。私には、文脈から「○○」のところは「帰還」と思われます。「いづれ帰還の暁は…」と思われます。

先ほどの財満先生の考察によると、「銃後民心前線将校に悪影響を及ぼすもの」のなかに帰還要望があります。千歳が、検閲を心配して「○○」としたと思われます。

親への手紙に、帰還という「生きて帰る」という字句を、伏字にしなければならないとは、戦争とはひどいものだ。

3　軍事郵便を書いた時期の特定根拠

軍事郵便6通（史料番号17から22）は、戦地から内地への軍事郵便ですので消印がなく、また、文面に書いた日付がありません。

史料の注釈に軍事郵便を書いた時期を記しています。書いた時期を特定した根拠について説明します。

軍事郵便アドレスに書かれている軍事郵便所とは、満州で軍事郵便を取り扱った所です。名称に番号が入った軍事郵便所が設置されていました。

史料番号17（48頁）の「興安北省ハンダガイ軍事郵便所」とは、俗称として「地名軍事郵便所」の表記が使われています。

軍事郵便アドレスには、軍事郵便所が「興安北省ハンダガイ軍事郵便所」、「哈爾濱第七〇軍事郵便所」、「哈爾濱第七九軍事郵便所」の三つがあります。

千歳の任地は、「ハンダガイ地区」、「斉斉哈爾」、「納金口子」の三つです。

千歳がどこの任地の時に、どの軍事郵便を書いたのかは、軍事郵便所の名称でわかります。

史料番号17は、「ハンダガイ軍事郵便所」とありますので、任地が「ハンダガイ地区」の時に書いています。

史料番号19から22の「哈爾濱第七九軍事郵便所」は、手紙の文面から任地は「納金口子」です。

史料番号18の「哈爾濱第七〇軍事郵便所」は、任地が「斉斉哈爾」となります。

軍事郵便を書いた時期の特定根拠を整理しますと、次表のとおりです。

史料番号	頁	史料名	軍事郵便所	任地（106頁からの年表参照）	文面の中の参考とした字句	特定した書いた時期
17	48	父への手紙1	興安北省ハンダガイ軍事郵便所	ハンダガイ地区での任務は昭和16年3月19日から9月28日であるので、この間に書いている	警備歌　ノモンハン桜	昭和16年5月下旬
18	54	妹への手紙1	哈爾濱第七〇軍事郵便所	斉斉哈爾での任務は昭和16年9月30日から昭和18年9月15日であるので、この間に書いている	山の紅葉した木々も色あせて…肌寒さ表記の如く変わりましたから御承知の程	昭和16年11月
19	58	妹への手紙2	哈爾濱第七九軍事郵便所	納金口子での任務は昭和18年9月17日から昭和19年2月21日であるので、この間に書いている	久し振りの明春学業終了	昭和18年11月
20	62	妹、弟への手紙	〃		後一ヶ月でお正月	昭和18年12月初旬
21	66	妹への手紙3	〃		新春の賀状…兄さんも…元気に迎えましたから	昭和19年1月
22	70	父への手紙2	〃		小生在隊間三年間（昭和16年3月満州ハンダガイ地区着）	昭和19年2月

四　金子千歳年表

金子千歳の年表を、次の二つの資料を参考に作成しました。

一　兵籍簿（１２０頁、１２２頁）
長野県が保管する「金子千歳の軍歴資料」について、写しの交付を申請し、交付されたものです。

二『歩兵第十五聯隊史』（本です）
昭和60年に歩兵第十五聯隊史刊行会が編集発行したもので、本冊と別冊があります。本冊は、聯隊が明治17年5月創設された以降の聯隊史で、日清戦争、日露戦争、日中戦争、太平洋戦争などに従軍した記録で、１５７９頁あります。

注　満州の地名表記
・兵籍簿では、全て漢字となっています。
・『歩兵第十五聯隊史』では、カタカナで書かれた地名と、漢字で書かれた地名があります。
・年表では、それぞれの資料に基づいて地名表記しました。
・「斉斉哈爾（ちちはる）」は、兵籍簿では「斉斉哈爾」、聯隊史では「チチハル」となっています。同じ所です。

1　所属部隊

年表の前に、金子千歳がどこの部隊に所属していたのかを説明します。

当時の陸軍の部隊は、上級部隊から隷下部隊の順に次のとおりでした。

「大本営陸軍」―「軍」―「師団」―「聯隊」―「大隊」―「中隊」

千歳の兵籍簿履歴には、次のとおり記載されています。（注は、著者注釈）

・昭和16年3月1日　歩兵第十五聯隊ニ入営　（注：歩兵第十五聯隊は第十四師団の隷下部隊）

・昭和16年3月19日　第八中隊編入　（注：第八中隊は歩兵第十五聯隊第二大隊所属）

・昭和18年3月28日　第二大隊本部ニ編入

千歳の所属部隊は、整理しますと次のとおりです。

期日	軍	師団	聯隊	大隊	中隊
昭和16年3月19日	関東軍	第十四師団	歩兵第十五聯隊	第二大隊	第八中隊
昭和18年3月28日	関東軍	第十四師団	歩兵第十五聯隊	第二大隊	本部

昭和19年3月南方転進以降は、第十四師団は関東軍を離れ「パラオ」に向かった。

（関東軍：陸軍の部隊で、満州に駐屯し「満州国」、「租借地である関東州」の警備を指揮した）

千歳の年表を作成するにあたり、１５７９頁ある『歩兵第十五聯隊史』のなかから、千歳が所属した「第二大隊」に関係する部分（昭和15年以降）を引用し、参考とさせていただきました。

2　年表（※印は112頁以降の年表補足参照）

年	月	日	任地	金子千歳の兵籍簿履歴（抜粋）	『歩兵第十五聯隊史』より	著者注釈
昭和15年	8	1			歩兵第十五聯隊　臨時編成下令9月7日編成完結（＊1）	
	9	11			満州駐屯のため高崎出発	
		21			満州チチハル着	
	10					
	11					
	12					
昭和16年	1					
	2	20			聯隊は2月18日「ソ」満国境警備のためチチハルを出発し2月20日ハンダガイ地区に到着（＊2）	
	3	1	高崎	現役兵（歩兵第十五聯隊要員）トシ歩兵第十五聯隊ニ入営		千歳、部隊入営のため2月27日村上村出発、高崎宿泊3月1日部隊入営
		9		高崎出発		
		10	大阪	大阪港出発		
		16	大連	大連上陸		
		〃		関東州界通過（＊3）		
		19	鼠丘	鼠丘着（＊4）		
		〃		第八中隊編入		
	4					

年	月	日	場所	事項	備考	著作
昭和16年	5			昭和十六年三月十九日ヨリ昭和十六年九月二十八日マデ鼠丘ニ於テ歩兵第十五聯隊ニ在リテ支那事変勤務ニ従事ス	（ハンダガイ地区駐屯中）ノモンハン事件で知られるノモンハン地区の最南端で国境警備	軍事郵便書く（48頁）
	6					
	7					
	8					
	9	28		帰還ノタメ鼠丘出発		
		30	斉斉哈爾	斉斉哈爾着		
	10			昭和十六年九月三十日ヨリ昭和十六年十二月三十一日マデ斉斉哈爾ニ於テ歩兵第十五聯隊ニ在リテ支那事変及大東亜戦役勤務ニ従事ス		
	11					軍事郵便書く（54頁）
	12					
昭和17年	1			昭和十七年一月一日ヨリ昭和十七年十二月三十一日マデ斉斉哈爾ニ於テ歩兵第十五聯隊ニ在リテ大東亜戦役勤務ニ従事ス	（チチハル駐屯中）チチハル付近の警備並びに対「ソ」必勝のための戦闘訓練	
	2					
	3					
	4					
	5					
	6					
	7					
	8					
	9					
	10					
	11					
	12					

年	月	日	任地	金子千歳の兵籍簿履歴（抜粋）	『歩兵第十五聯隊史』より	著者注釈
昭和18年	1					
	2					
	3	28		第二大隊本部ニ編入		
	4					
	5					
	6					
	7					
	8					
	9	15		国境警備ノタメ斉斉哈爾出発		
		17	納金口子	黒河省納金口子着	納金口子は黒河西南20粁（キロメートル）	
	10					
	11			昭和十八年九月十七日ヨリ昭和十九年二月二十一日マデ納金口子歩兵第十五聯隊ニ在リテ国境警備ニ従事	（納金口子駐屯中）「ソ」満国境納金口子附近の国境警備	軍事郵便書く（58頁）
	12					軍事郵便書く（62頁）
昭和19年	1					軍事郵便書く（66頁）
	2	21		屯営帰隊ノタメ納金口子出発		
		22	斉斉哈爾	斉斉哈爾着		軍事郵便書く（70頁）

四　金子千歳年表

昭和19年

月	日	場所	事項	備考
3	4			3月4日四日二十時　千歳が父、母あての遺書（74頁）を書く
	5		編成完結	南方転進のための編成改正完結（＊5）（＊6）
	10		斉斉哈爾出発	
	13		関東州界通過	
	14	旅順	旅順着	旅順到着、熱地、海洋作戦の訓練を実施（＊7）
	28	大連	大連港出発	3月30日鎮海着
	31	門司	門司寄港	
4	1		門司出発	4月2日洲本着
	3	横浜	横浜寄港	
	6		横浜出発	
	〃	館山	館山寄港	
	7		館山出発	
	10	父島	小笠原父島寄港	
	18		小笠原父島出発	
	24	パラオ	パラオ上陸	
	29		パラオ諸島バベルダオブ島着同地附近ノ警備	
5				

←　チチハルからパラオへ転進（＊8）　→

4月3日から6日の横浜停泊時、『聯隊史』では全員上陸とあるので、千歳も本土の土を踏んだ

海なし県で生まれ育った千歳は、船酔いは大丈夫だっただろうか

年	月	日	任地	金子千歳の兵籍簿履歴（抜粋）	『歩兵第十五聯隊史』より	著者注釈
昭和19年	6	3				6月3日 村上村に南方よりの手紙（86・87頁）が届く（＊13）
		5	ペリリュー	自六月五日至七月一日 ペリリュー島陣地構築並警備ニ参加		
	7	2	コロール	コロール島着同地附近ノ警備		
	8	19		コロール島出発		
		〃	瑞穂村	バベルダオブ島瑞穂村着同地附近ノ警備		
	9	5	コロール	コロール島着同地附近ノ警備		
		15			米軍、ペリリュー島へ上陸開始	
		18	アイミリーキ	バベルダオブ島アイミリーキ着同地附近ノ警備		
		22			第二大隊にペリリュー逆上陸命令（＊9）	
		23		ペリリュー島出撃ノタメバベルダオブ島アイミリーキ出発	20：30決戦場へ進発	千歳は9月23日までは生存していた。なぜなら「ペリリュー島ニ於テ戦死」となっている
		26-25	ペリリュー		ガラカヨ島南部上陸	
		27			中川地区隊長の指揮下に入る（＊10）→	

四　金子千歳年表

昭和19年	日		
10	5-4		ペリリュー飛行場へ肉攻斬込を敢行（＊11）
10	18		米軍に対し歩兵火器による集中射撃
11	5		ペリリュー地区戦闘人員は３５０名（＊12）
11	10		（千歳誕生日）	
11	17		米軍は砲撃及び火焔放射器を反復、且つ爆破攻撃
11	22		米軍は包囲圏全域に火焔放射器支援のもと総攻撃
11	24		緊急電報　20日少佐飯田義栄戦死
11	〃		ペリリュー守備隊「サクラサクラ」の訣別電報打電
11	〃		村井少将、中川地区隊長自決
11	27		米軍は27日「ペリリュー」作戦終結宣言

← ペリリュー島での戦い

千歳は9月24日以降のペリリュー島での、いづれかの戦闘で戦死

11月10日千歳誕生日
11月8日以前の戦闘で戦死なら行年23歳
11月9日以降の戦闘で戦死なら行年24歳

3　年表補足（『歩兵第十五聯隊史』＝以下聯隊史＝より引用又は要約と著者注釈により補足）

＊1（昭和15年8月1日歩兵第十五聯隊臨時編成下令）

〈聯隊史より〉

昭和15年夏、対「ソ」軍備拡充のため第十四師団の満州移駐、チチハル駐屯が決定。

8月1日に臨時編成が下令され9月7日編成完結。

＊2（昭和16年2月20日聯隊ハンダガイ地区到着）

〈著者注釈〉

聯隊史では、ハンダガイ地区とは、ノモンハン地区の最南端でハンダガイ、ソキュウなどの地域を総称した地区名です。

＊3（昭和16年3月16日関東州界通過）

〈著者注釈〉

関東州は遼東半島先端部（大連及び旅順の地域）で、日本の租借地。「満州国」ではない。関東州及び「満州国」両者とも陸軍関東軍司令官の指揮下。

「関東州界通過」とは、大連のある関東州から「満州国」に入ったということです。

＊4〈昭和16年3月19日鼠丘着〉

〈著者注釈〉

「鼠丘」とは、ハンダガイ地区内にある地名で、聯隊史「ハンダガイ地区警備要図」では、「ソキュウ」と表記されています。

昭和19年3月19日に、歩兵第十五聯隊が国境警備をしているハンダガイ地区に到着したということです。

＊5〈昭和19年3月5日南方転進のための編成改正完結〉

〈聯隊史より〉

昭和19年3月1日関東軍の南方転進のため第十四師団の編成改正が下令され、特科部隊はそれぞれ、各歩兵聯隊に分散配属された。歩兵第十五聯隊には歩兵三個大隊のほか、砲兵大隊、工兵中隊等編入され、島嶼作戦に適合するよう改編された。3月5日編成が完結。

〈著者注釈〉

聯隊史（P730）には、「歩兵第十五聯隊将校、同相当官職員表（昭和一九年三月五日完結）」が掲載されており、表中に「Ⅱ（第二大隊のこと）　大隊長少佐　飯田義栄」とあります。

86・87頁の南方よりの手紙「近況まで　照七七五七部隊飯田隊長外幹部一同」の飯田隊長とは、この表にある「大隊長少佐　飯田義栄」のことです。

「照七七五七部隊」について説明します。
当時の陸軍において、部隊の名称を秘匿するため「通称号」という暗号名を用いていました。漢字一文字を師団に割り当て、隷下部隊に数字4桁の通称番号が割り当てられました。
「照」とは通称号で、陸軍第十四師団のことです。照七七五七部隊とは、陸軍第十四師団歩兵第十五聯隊のことです。

＊6（昭和19年3月5日南方転進のための編成改正完結）
〈聯隊史より〉
（回想より引用）中隊全員に遺書、遺髪、爪を整え、封書に作らせて内地への遺品輸送に托した。
〈著者注釈〉
千歳も三月四日二十時、お父さんお母さんあてに遺書（74頁）を書いています。

＊7（昭和19年3月14日旅順到着）
〈聯隊史より〉
聯隊は乗船までの約10日間を、旅順、大連地区で主として逆上陸戦闘法、対潜監視、同戦闘、対空監視、同戦闘及び船舶遭難時の対応動作等の訓練。
〈著者注釈〉
わかりやすく説明しますと、今までの満州の大陸地帯での組織的な戦闘訓練から、島嶼地域での機動的な戦闘訓練に切り替わったということです。

＊8（昭和19年3月から4月、ナチハルからパラオへ転進）

〈聯隊史より〉

輸送船には、戦闘に必要な弾薬、資材を満載したことで、将兵の起居する場所が狭くなり一坪当り10～15名の状況となった。甲板勤務者と交替でわずかな間隔を縫って身体を休めた。

＊9（昭和19年9月22日第二大隊にペリリュー逆上陸命令）

〈著者注釈〉

聯隊史（P１１３８）には、「昭和19年9月22日ペリリュー島逆上陸命令時の戦闘参加人員表」が掲載されており、表中に「大隊長　飯田少佐　第二大隊本部　将校8　准士官以下89」とあります。千歳は、第二大隊のなかの本部という部隊の隊員でした。（１０５頁参照）ですので、ここの「准士官以下89名」が金子千歳を特定する最も小さい単位です。この89名のなかの1名が金子千歳です。第二大隊の隊員８３０名のなかの一員としてペリリュー島に逆上陸し、11月27日までに玉砕したものです。

＊10（昭和19年9月27日中川地区隊長の指揮下に入る）

〈聯隊史より〉

第二大隊のパラオ出発時の兵力は大隊長以下830名であったが、輸送航行時の戦死、上陸後の戦闘で中川地区隊長の指揮掌握下に入った人員は約400名であった。

〈著者注釈〉

逆上陸時の戦闘で約430名が戦死。

＊11（10月4～5日ペリリュー飛行場へ肉攻斬込）

〈著者注釈〉

「肉攻斬込」と文字で書くと四文字ですが、内容は、銃剣、手榴弾を持ち、敵の陣地や戦車などに突進、爆死するという決死の肉弾攻撃。

＊12（昭和19年11月5日ペリリュー地区戦闘員は350名）

〈著者注釈〉

ペリリュー島における日本軍の戦闘員は約1万人（千歳の第二大隊830名含む）であるので、前日の11月4日までに約9650人が戦死。

＊年表まとめ

金子千歳の年表（昭和16年3月以降）を簡潔にまとめます。三つに区分されます。

第一区分　時期：昭和16年3月から昭和19年2月（3年）　任地：満州

第二区分
任務：対「ソ」国境警備、対「ソ」戦必勝のための訓練。
地図：「地図　高崎から満州」参照（年表資料4　124頁）
時期：昭和19年3月から4月（約2箇月）　任地：南方転進
任務：中部太平洋方面において、米軍の進攻が着々と進み憂慮すべき戦況となり、戦力も増強されていた第十四師団の南方転進が決定された。満州斉斉哈爾から南方パラオへの転進となった。
地図：「地図　斉斉哈爾からパラオ」参照（年表資料5　125頁）

第三区分
時期：昭和19年4月から9月以降玉砕まで　任地：パラオ、ペリリュー島
任務：パラオ諸島の警備。9月23日逆上陸進発後、ペリリュー島において戦闘、玉砕。
地図：「地図　パラオ諸島」参照（年表資料6　126頁）

＊13（昭和19年6月3日南方よりの手紙が長野県村上村の千歳の自宅に届く）
〈著者注釈〉
南方よりの手紙「近況まで　照七七五七部隊飯田隊長外幹部一同」（86・87頁）が長野県更級郡村上村の家族のもとに届いたのが、昭和19年6月3日と特定したことについて説明します。
昭和20年3月内地において、「陸軍部隊ニ編入中」の有無を調べる臨時の調査があり、（父）歡司が「臨時陸軍軍人（軍属）届（昭和二十年三月一日午前零時現在）」を村上村長に提出しています。（年表資料3　123頁）

当該届から、次の二点のことがわかります。

一点目。

「最近ノ面會、通信等ニ依リ承知シアル本人ノ所属部隊ノ名稍」の欄に「照七七五七部隊」と記入し、「右ノ所属部隊ヲ承知セル根拠」の欄に「昭和十九年六月三日着ノ通信ニ依ル」と記入しています。これにより「南方よりの手紙」が昭和19年6月3日に届いたことがわかります。

二点目。

（父）歡司は昭和20年3月の当該届に「右ノ通リ陸軍部隊ニ編入中ニ付届出ス」として署名押印をしています。ペリリュー島の戦いは昭和19年11月27日までに玉砕となっています。（父）歡司は4箇月後の昭和20年3月には、まだ千歳は「陸軍部隊ニ編入中」と生存していると思っていたことがわかります。

4　年表資料

資料番号	資料名	備考	頁
1	兵籍簿①	長野県保管資料交付	120
2	兵籍簿②	〃	122
3	臨時陸軍軍人（軍属）届	〃	123
4	地図　高崎から満州		124
5	地図　斉斉哈爾からパラオ		125
6	地図　パラオ諸島		126
7	ペリリュー島全景	共同通信社	127

1 兵籍簿①

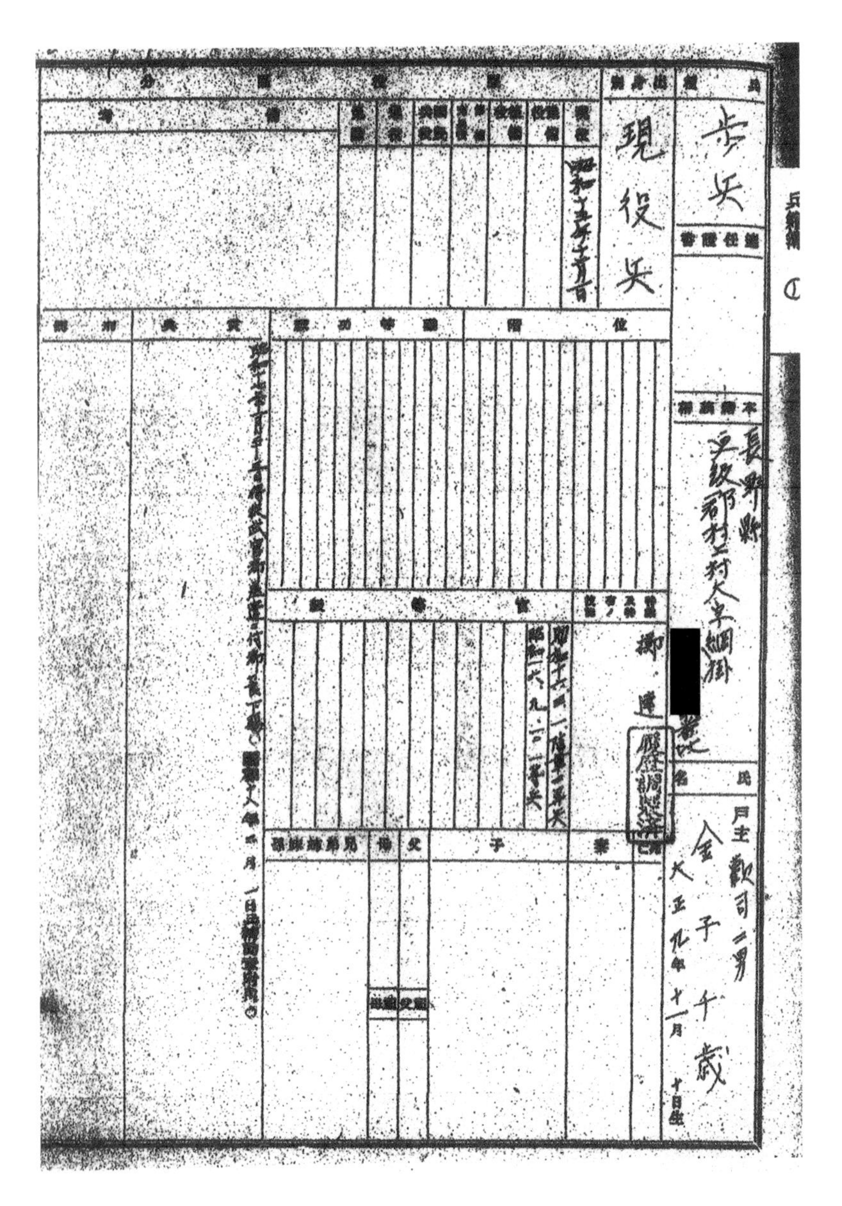

兵種　歩兵
役種　現役兵
昭和十六年十二月一日
本籍地　長野県更級郡
民名　戸主 勘司 二男
金子千歳
大正九年十一月十日生
履歴調済

履歴（兵籍簿①の2枚目）

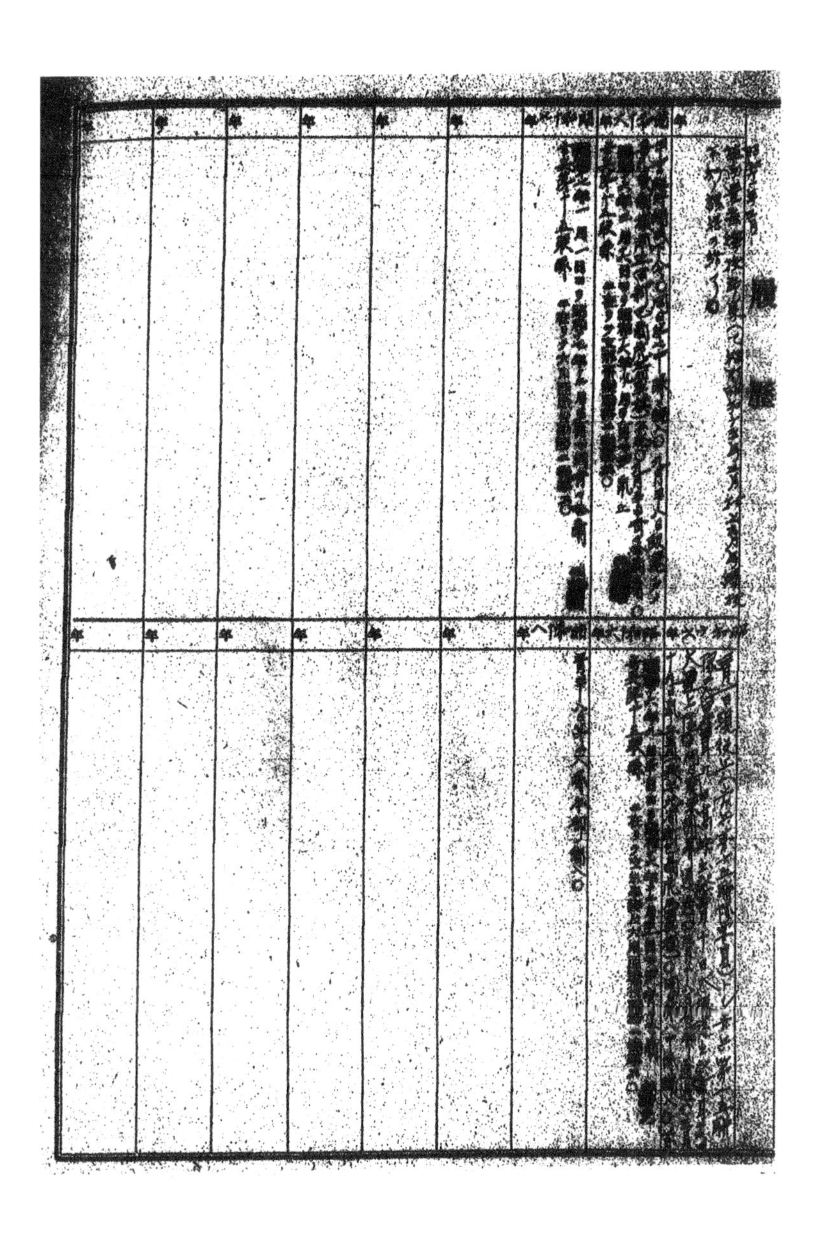

2 兵籍簿②

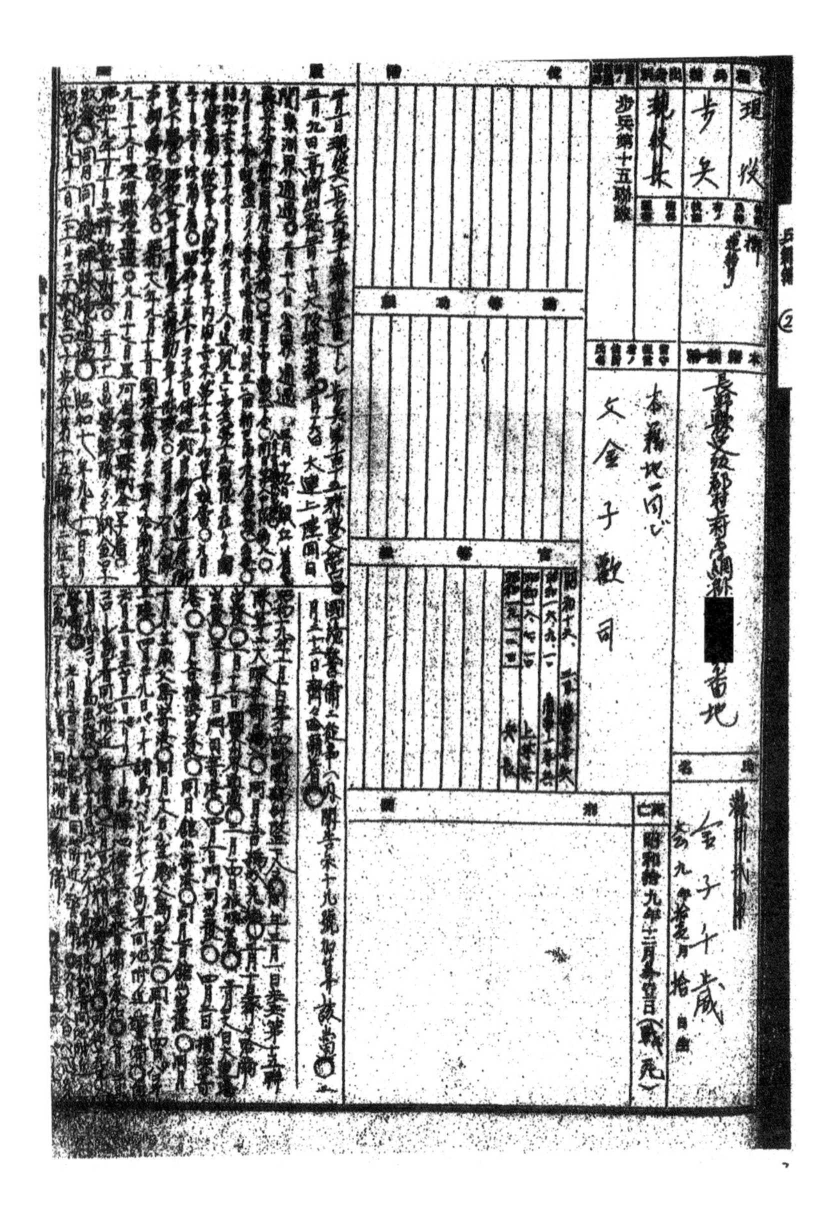
現役
歩兵
上等兵
歩兵第十五聯隊
長野県更級郡
番地
本籍地ニ同じ
父 金子数司
金子千歳
昭和拾九年十二月
(戦死)

3　臨時陸軍軍人（軍属）届

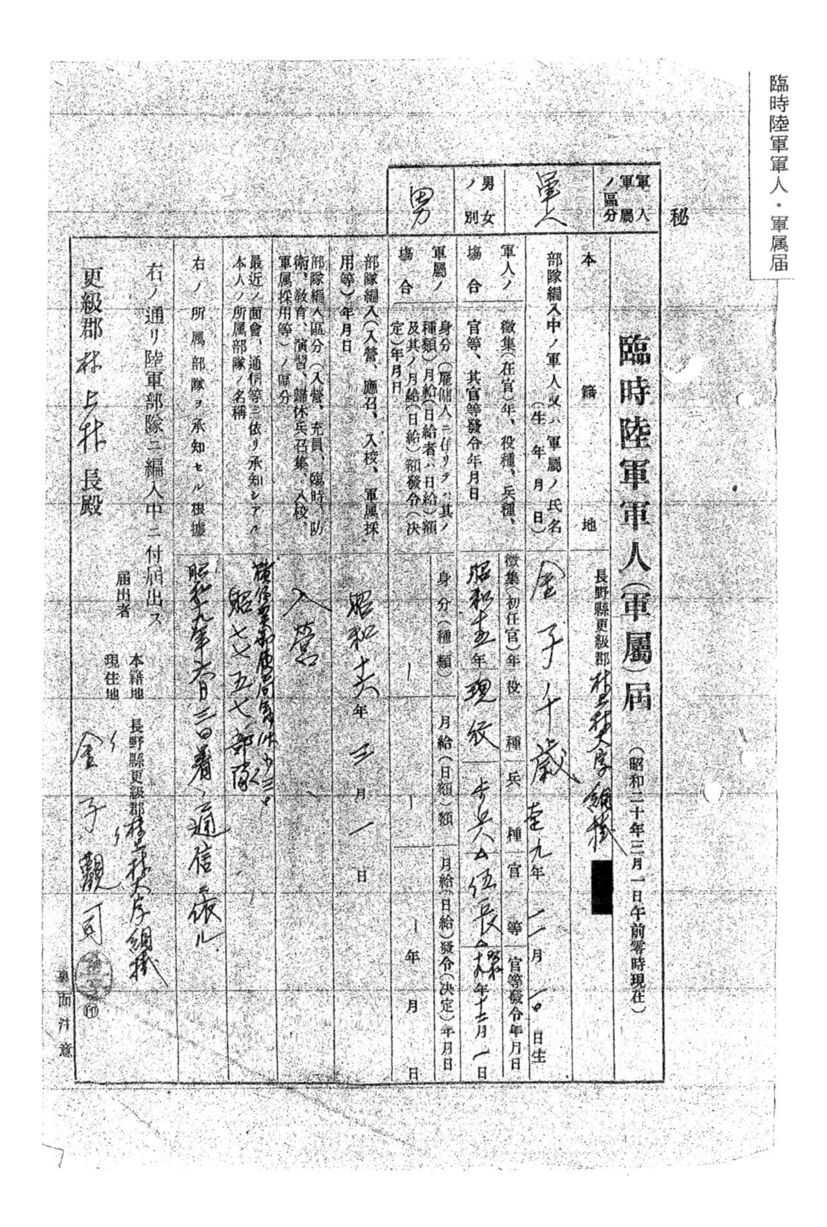

秘

軍人 軍属ノ區分	軍人
男女ノ別	男

臨時陸軍軍人（軍属）届（昭和二十年三月一日午前零時現在）

本籍地	長野縣更級郡稲荷山町大字領■
部隊編入中ノ軍人又ハ軍属ノ氏名（生年月日）	金子千歳　大正九年二月二日生
軍人ノ場合　徴集（在官）年、役種、兵種、官等、其官等發令年月日	徴集（初任官）年　昭和十五年　役種　現役　兵種　歩兵　官等　伍長　官等發令年月日　昭和十八年十二月一日
軍属ノ場合　身分（雇傭人ニ在リテハ其ノ種類）月給（日給者ハ日給）額及其ノ月給（日給）額發令（決定）年月日	身分（種類）　月給（日額）額　月給（日給）發令（決定）　年　月　日
部隊編入（入營、應召、入校、軍属採用等）年月日	昭和十六年三月一日
部隊編入區分（入營、充員、臨時、防衛、教育、演習、歸休兵召集、入校、軍属採用等）ノ區分	入營
最近ノ面會、通信等ニ依リ承知シアル本人ノ所属部隊ノ名稱	横須賀海軍軍需部（横須賀市久里浜）　照七七五七部隊
右ノ所属部隊ヲ承知セル根據	昭和十九年六月二日着ノ通信ニ依ル

右ノ通リ陸軍部隊ニ編入中ニ付届出ス

届出者　本籍地　長野縣更級郡稲荷山町大字領■
現住地　〃
金子覲司（印）

更級郡稲荷山町長殿

裏面注意

4　地図　高崎から満州

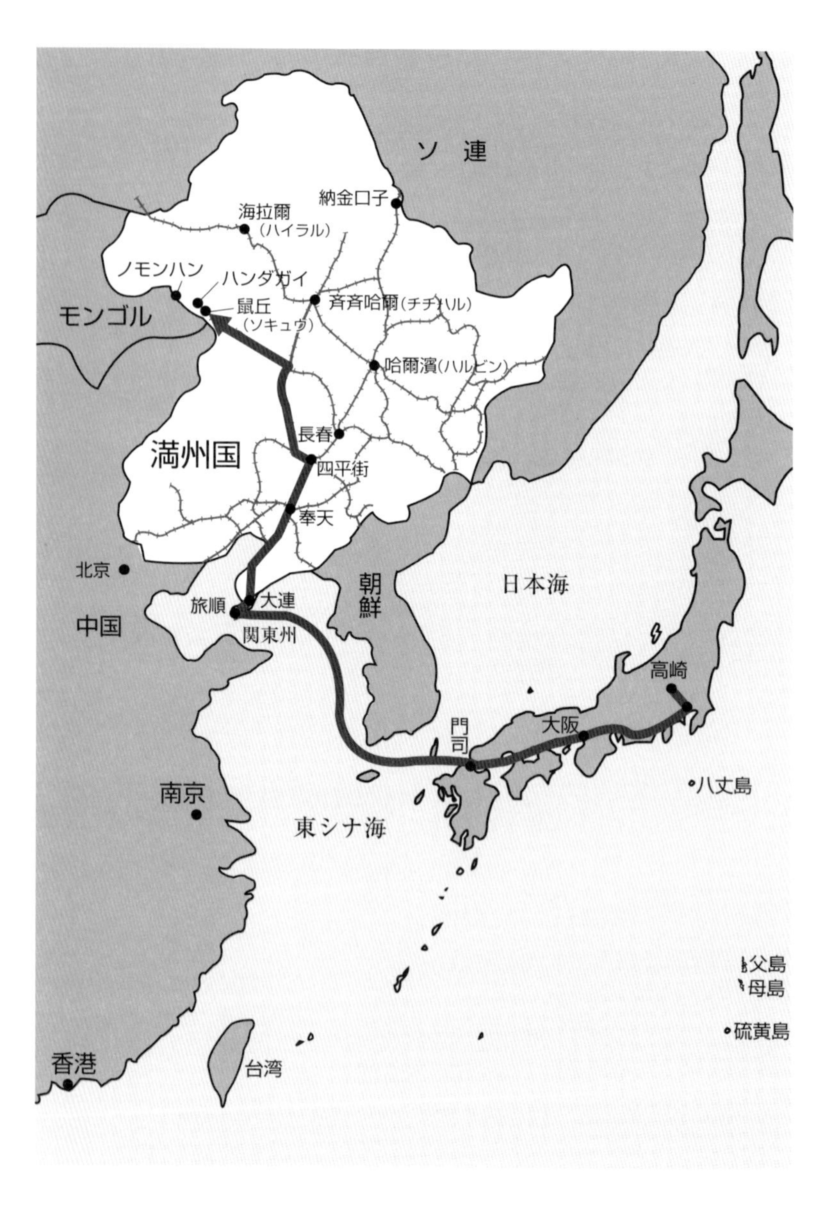

注釈

・昭和16年3月9日高崎出発から3月19日鼠丘到着までの経路

・千歳の任地は、ハンダガイ地区（鼠丘）、斉斉哈爾、納金口子

5　地図　斉斉哈爾からパラオ

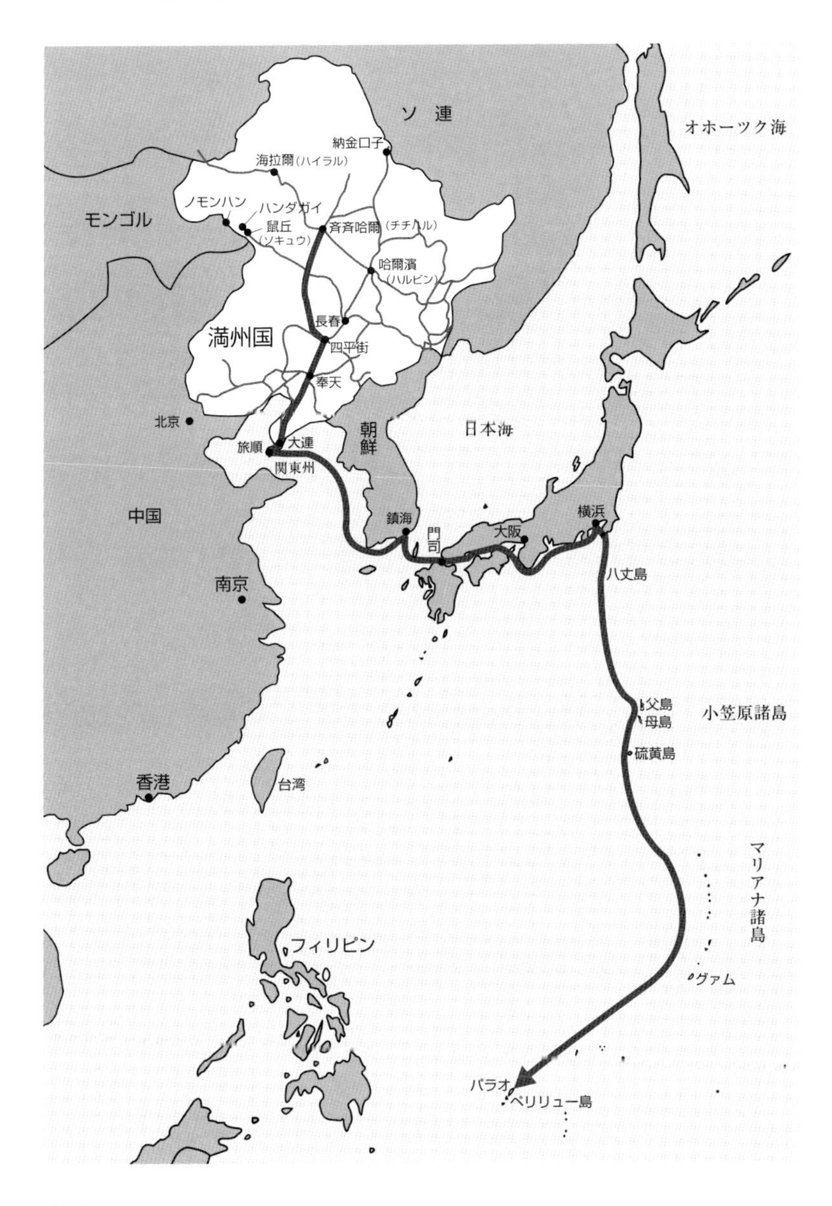

注釈

・昭和19年3月10日南方転進のため斉斉哈爾出発から4月24日パラオ上陸までの経路

6　地図　パラオ諸島

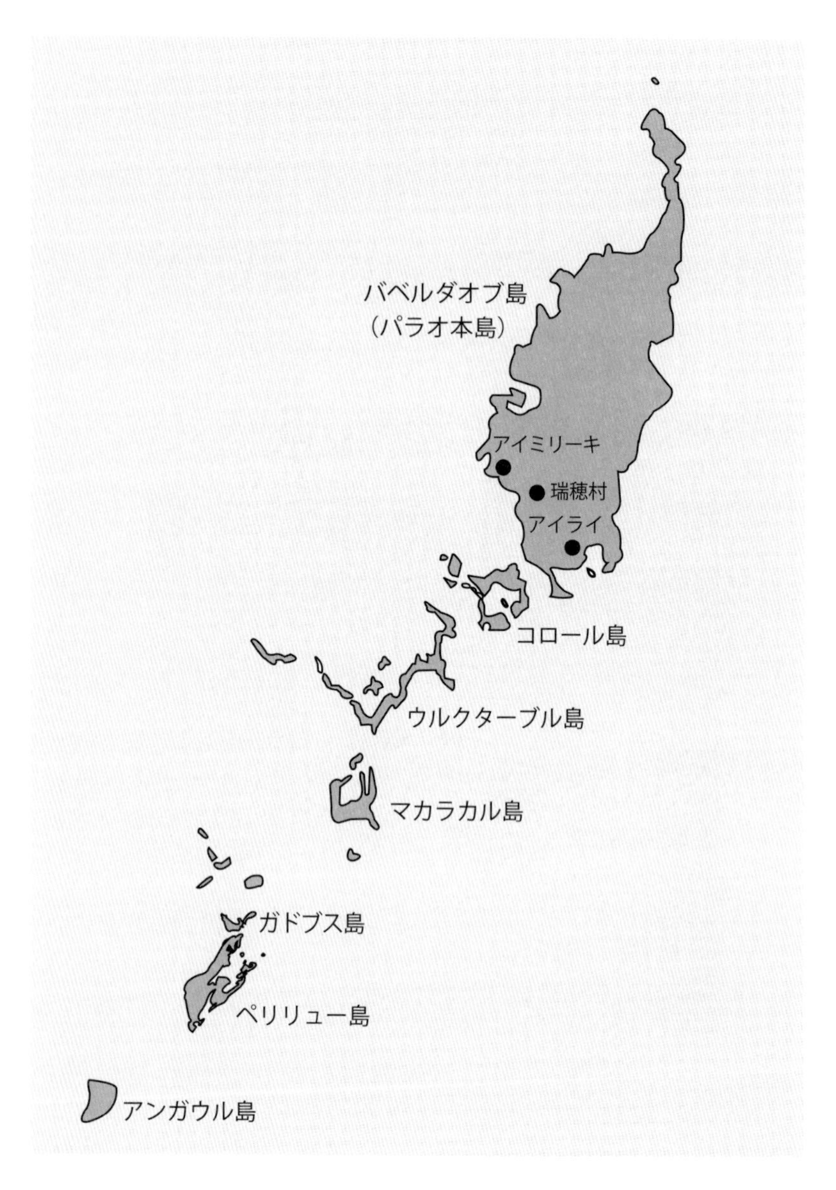

注釈
・千歳はコロール島、瑞穂村、アイミリーキを警備
・昭和19年9月23日ペリリュー島出撃のためアイミリーキ出発

7　ペリリュー島全景

ペリリュー島を南西上空より望む
（2015 年 3 月撮影・共同通信社）

五　戦死年月日

金子千歳の戦死年月日について記します。
戸籍簿（10頁）では、「昭和拾九年拾弐月参拾壱日パラオ諸島ペリリュー島ニ於テ戦死」とあります。
一方、ペリリュー島の戦いは、昭和19年9月15日から11月27日にかけてペリリュー島で行われた日本軍とアメリカ軍との戦闘です。
なぜ、当該戦いが11月27日に終了しているのに、戸籍簿では「昭和拾九年拾弐月参拾壱日…戦死」とあるのか、この本を著す当初は疑問でした。調べてみますと次の二点がわかりました。
一点目。
「戦死の認定」という規定があり、「全員玉砕のため状況確認が出来ない場合」が該当になります。
ペリリュー島の戦いについては、『歩兵第十五聯隊史』に戦死の認定と理由の記載があり、要約しますと次のとおりです。
戦死の認定は、集団司令官が昭和19年12月31日全員戦死と認定したものです。
認定の主な理由は、次のとおりです。
一、昭和19年11月24日中川守備隊長からの「一部を除き全員戦死」の電報報告
一、一部残存兵力の遊撃隊も同日以降通信杜絶し、黒白煙の上昇もないため、全員敵陣に斬り込み壮絶なる戦死をとげたものと確認

二点目。

『歩兵第十五聯隊史』には本冊とは別に、別冊として日清戦争から終戦までの『戦没者名簿』があります。戦闘地域「ペリリュー島」の頁には、第二大隊（千歳所属）と第三大隊の戦没者氏名等が記載されています。

戦没者名簿の148頁に、「所属：Ⅱ本　官等：兵長　氏名：金子千歳　死亡年月日：昭和19・12・31　死亡区分：戦死　死亡場所：パラオ諸島ペリリュー島　本籍市町村：長野県村上」とあります。「所属：Ⅱ本」とは第二大隊本部のことで、「官等：兵長」とは、記載要領として「階級は当時より一階級上のものを…記載してあります」とありました。

ここで説明したいことは、死亡年月日です。戦没者名簿の148頁には15名の氏名が記載されていますが、死亡年月日は全員「昭和19・12・31」となっています。

記載されている第二大隊、第三大隊の戦没者1702名について死亡年月日をみますと、1637名が死亡年月日「昭和19・12・31」でした。残りの65名は別の日でした。戦没者の殆どが、死亡年月日「昭和19・12・31」となっていることがわかりました。このことは、同じくペリリュー島で戦死した歩兵第二聯隊の戦没者についても同じことと推測されます。

わかりやすく説明しますと、ペリリュー島の戦いで玉砕した約1万人のうち殆どが、正確な戦死年月日がわからず、「昭和19・12・31戦死」と一括りにされたものです。

戦争とは、ひどいものだ。

六　戦死公報

（父）歓司、（母）光代、（妹）たつい、（弟）正歳が、いつ、千歳の戦死を知ったのかを記します。戦死公報により、初めて家族が戦死について知ることになります。

> ＊戦死公報（死亡告知書）
> 戦死の連絡は、国から「公報」により家族に通知された。

千歳の戦死公報（死亡告知書）を、土蔵、仏壇など探しましたが見つかりませんでした。が、戦死の公報が行われた日がわかりました。戦没者調査票（長野県保管資料交付）に、「公報　昭和21年6月7日」とあります。（133頁参照）

千歳の戦死の日と戦死公報の時系列は、次表のとおりです。

六　戦死公報

年	月日	項目	千歳	（父）歡司、母、妹、弟	参照
昭和19年	6月3日	南方よりの手紙届く	パラオ諸島に於て警備	この手紙により、千歳が南方にいることを知る	87・86頁
〃	9月24日から11月27日	ペリリュー島での戦い	いづれかの日に戦死		
〃	12月31日	戦死の認定			
昭和20年	3月1日	臨時陸軍軍人（軍属）届		「陸軍部隊ニ編入中」として、千歳が生存していると思っている	123頁
〃	8月15日	（終戦）			
昭和21年	6月7日	戦死公報		ここで初めて、千歳の戦死を知る	133頁
〃	6月10日	村上村役場　戦死の報告受附　戸籍簿記載			10頁

父、母、妹、弟が千歳の戦死を知ったのは、昭和21年6月7日付の戦死公報を受け取った時です。

ペリリュー島での戦い（昭和19年9月から）から1年9箇月もあとです。

終戦の日（昭和20年8月15日）、（父）歡司はじめ家族は、終戦により千歳が生きて帰ってくることになると、信じていたと思います。

終戦日以降、戦死公報までの10箇月間、（父）歡司はじめ家族は、千歳が帰ってくるのを、今か今かと待っていたと思います。

戦死公報が届いた時の、（父）歡司はじめ家族の気持ちを思うと、なんともいたたまれません。

（父）歡司58歳　（母）光代57歳

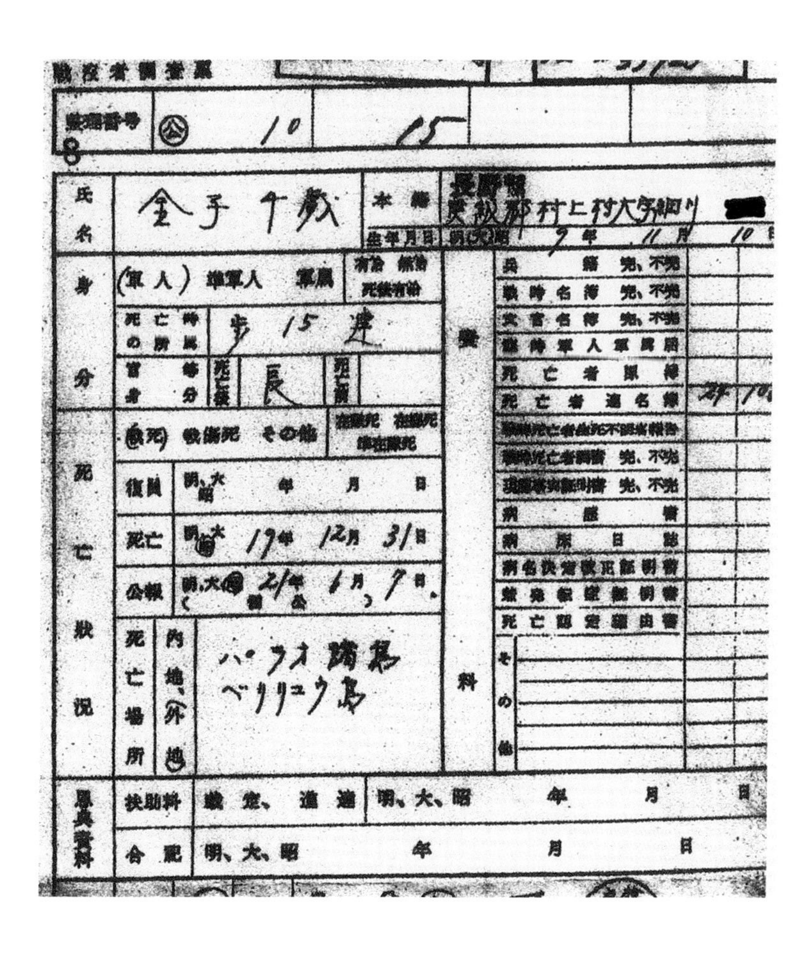

戦没者調査票

整理番号　㊅　10　15

氏名　金子千歳

本籍　長野県　更級郡村上村大字[illegible]

生年月日　明（大）昭　9年　11月　10日

身分　（軍人）　準軍人　軍属

死亡時の所属　歩15連

官等　死亡後　兵長

（戦死）　戦傷死　その他

復員　明、大、昭　年　月　日

死亡　明、大、（昭）　19年　12月　31日

公報　明、大、（昭）　21年　1月　7日

死亡場所　内地、（外地）　パラオ諸島　ペリリュウ島

資料：
- 兵籍　完、不完
- 戦時名簿　完、不完
- 死亡者原簿
- 死亡者連名簿
- 病床日誌
- 死亡認定理由書
- その他

援助料　決定、進達　明、大、昭　年　月　日

合祀　明、大、昭　年　月　日

七　遺骨収集

「ペリリュー島に日本兵集団埋葬地　遺骨7柱発見　発掘加速へ」の記事が、令和6年11月27日信濃毎日新聞に掲載されました。記事には、戦没者の遺骨収集を進める厚生労働省が「米軍がつくった日本兵1086人の集団埋葬地を確認した」とあります。

私が生きているうちに、発掘され収集された遺骨が帰国するならば、千歳が見つかるかもと思い、DNA鑑定を申し出たいと考えています。

1086人のなかに千歳の遺骨が確認されれば、菩提寺の和尚様にお経をあげていただき、供養をしたいと思っています。

記事には集団埋葬地の写真も載っています。このような森林地帯で多くの若者が戦死したかと思うと、なんともいたたまれません。

戦没者遺骨収集事業　第2次大戦の戦没者を対象に、政府が1952年度から実施している。海外や沖縄、硫黄島で亡くなった約240万人のうち、約112万人の遺骨が収容されていない。海底に沈んだものなどを除き、最大約59万人の遺骨は収容可能と位置付けられる。身元特定のためにDNA鑑定を2003年度から導入した。16年、遺骨収集を「国の責務」とする戦没者遺骨収集推進法が施行され、24年度までを集中実施期間と規定。その後の法改正で29年度までに延長された。

（信濃毎日新聞、令和7年1月6日付2面より）

ペリリュー島中央部にある日本兵の集団埋葬地
（2024年11月撮影　共同通信社）

あとがき

あとがきとして、三点記します。

一点目は、新聞記事です。

私は歴史に全く疎く、千歳の戦争中の史料をどのようにまとめていくか、最初は何から手をつけたらよいのか、全くわからない状態でした。

そのなかで、信濃毎日新聞くらし面に「戦時の物は語る～次世代へ引き継ぐ思い～」の連載（令和3年8月から）があり、その連載記事を読むことにより、戦時中のことが少しずつわかってきました。特に、令和3年12月連載の「手紙㊤㊥㊦」は大変参考になりました。ありがとうございました。

二点目は、本書の発行期日です。

千歳は、昭和16年（1941年）2月27日に、入営のため生まれ育った村上の地を離れました。その後、一度も村上の地に戻ることなく、父、母に会うこともなく、ペリリュー島に於て戦死しました。千歳を偲び、昭和16年2月27日から84年後の令和7年（2025年）2月27日を発行日とします。

三点目は、書家先生です。
軍事郵便は、自分では読み取れないところが多々あり、地域の書家先生に助言をいただきました。
また、字句の意味なども教えていただきました。そのほかの史料についても助言をいただきました。
書家先生、大変お世話になりました。ありがとうございました。

子が親へ宛てて遺書を書く時代に戻ることのないよう、願っています。

令和7年2月27日

金子　司

あとがき

参考・引用文献

坂城町誌刊行会『坂城町誌下巻』昭和56年
長野県坂城高等学校創立七十五周年記念誌編集委員会『創立七十五周年記念誌』昭和62年
旅行案内社『(時刻表)ポケット汽車汽船旅行案内　昭和十六年二月』昭和16年
キッコーマン株式会社100年史編纂委員会『キッコーマン株式会社百年史』令和2年
上田市編『上田市史　下巻』信濃毎日新聞社　昭和15年
上田市誌編さん委員会『上田市の年表』平成16年
上田市誌編さん委員会『上田市民のくらしと戦争』平成12年
関幸子、遠藤岬編『女学生の太平洋戦争』信濃毎日新聞社　平成6年
長野県上田千曲高等学校六十年史編集委員会『長野県上田千曲高等学校六十年史』昭和56年
鐘紡株式会社社史編纂室『鐘紡百年史』昭和63年
桂木恵『軍事郵便は語る』信濃毎日新聞社　令和3年
財満幸恵「戦中の軍事郵便とその検閲について」(昭和館『昭和のくらし研究　第8号』)平成22年
歩兵第十五聯隊史刊行会『歩兵第十五聯隊史』昭和60年
鈴木孝雄「日中戦争~太平洋戦争期軍事郵便アドレス表記の部隊別分類」(日本郵便史学会事務局『季刊郵便史学第13・14合併号』)昭和54年
大濱徹也、小沢郁郎『帝国陸海軍事典』同成社　昭和59年
舩坂弘『サクラサクラペリリュー島洞窟戦』毎日新聞社　昭和42年
小澤眞人『赤紙　男たちはこうして戦場へ送られた』株式会社創元社　平成9年
信濃毎日新聞社編集局『この平和への願い　長野県開拓団の記録』昭和40年
信濃毎日新聞社編集局『鍬を握る　満蒙開拓からの問い』令和6年

高崎市の歩兵第十五聯隊趾碑。兵営の営門歩哨の立哨位置に、昭和51年5月25日建立された（著者撮影）

金子　司（かねこ・つかさ）

長野県埴科郡坂城町網掛生まれ（屋号：オクデ）。
農業の傍ら、60代半ばになって文化財保護の大切さに気付き
文化財保護に協力中。
坂城町在住。

陸軍上等兵 金子千歳の記録
—昭和十九年ペリリュー島ニ於テ戦死—

2025年2月27日　発行

著　者　　金子　司

制　作　　信濃毎日新聞社 出版部
〒380-8546　長野市南県町657番地
Tel 026-236-3377　　Fax 026-236-3096

印刷製本　大日本法令印刷株式会社

ISBN978-4-7840-8856-0　C0021